Lánczos, Zoltán

A Gellérthegyi Sziklatemplom és Kolostor története

BoD – Books on Demand, Norderstedt

A könyvről

„A Gellérthegyi Sziklatemplom és Kolostor története" egy megbízható és olvasmányos forrás, helytörténettel foglalkozó kutatók és laikus érdeklődők számára.

A könyv vázolja a politikai és társadalmi helyzetet Magyarországon a két világháború között, amelyben a Lourdes-i barlang építése, majd az egyetlen magyar alapítású szerzetesrend, a Pálosok visszatérése lezajlott.

A Sziklatemplom építésének a körülményei, belső kialakítása, a felszenteléssel járó emlékezetes élmény felelevenítése mellett bepillantást kapunk a templomhoz tartozó kolostorban működött páterek, fráterek életébe, megismerjük a rendet támogató konfrátereket, valamint a Pálosok pasztorális tevékenységét.

Elgondolkodtató, hogy míg 1934 és 1949 között több mint nyolcszázan léptek a rendbe, a feloszlatáskor csupán kilenc pátere és nem sokkal több frátere volt a rendnek Magyarországon.

Lánczos Zoltán

A Gellérthegyi Sziklatemplom és Kolostor története

BoD – Books on Demand, Norderstedt

Lánczos, Zoltán

A Gellérthegyi Sziklatemplom és Kolostor története

Bibliografische Information der Deutschen Nationalbibliothek

Titel: Die Geschichte der Felsenkirche und des Klosters Gellérthegy

Herausgeber: © 2019 Laszlo Lanczos
Verfasser: Zoltán Lánczos, Manuskript 1984
Umschlaggestaltung: Laszlo Lanczos, Autorenfoto
Vorlage: FSZEK BQ 0910/569 Budapest 1984
Sprache: Ungarisch (hun)

Sachgruppe: Christliche Religion, Geschichte und Historische Hilfs-
wissenschaften

© 2019 Lánczos, Zoltán
Herstellung und Verlag: BoD – Books on Demand, Norderstedt
ISBN: 978-3-735-78772-9

Tartalom

Igy kezdődött

Az első világháborút követő években mozgalmas társadalmi élet alakult ki a trianoni békeszerződés következtében kétharmad részét elvesztett Magyarországon. A csonkává lett ország lakossága felduzzadt a megszállt területekről kiutasított és az önként repatriált magyar családok ide özönlése folytán. A háborút követő gazdasági krízis, a népsűrűség indexének hirtelen megváltozása fokozták az ország függetlenné válásával járó társadalmi átalakulás szülte, s pezsgőbbé vált közélet tempóját. A legkülönbözőbb irányzatú mozgalmak, társadalmi egyesületek léptek a közélet porondjára, növelve az új lendületet kapott régi pártok, a hirtelen felbukkant szélsőséges új mozgalmak és egyesületek számát. Felfokozódott a hazafias érzés és a megpróbáltatások, szenvedések poklát átélt, a mindennapi megélhetésért folytatott harc gondjaival küszködő emberek óriási tömege a vallásban keresett vigaszt és erőforrást. Renaissancát élte a hitélet.

Ennek a mozgalmas korszaknak, mely a legtöbb emberben fokozott aktivitást, tettrekészséget, tenniakarást váltott ki, egyik jellegzetes alakja volt Pfeifer Gyula minisztériumi főtanácsos, aki vérmérsékleténél, temperamentumánál fogva amúgy is igen aktív egyéniség volt. Több társadalmi egyesületben vállalt tevékeny szerepet. Mérnök ember lévén, első sorban műszaki vonalon igyekezett ki venni részét az ország újjáépítésében. Hivatali elfoglaltsága mellett sok energiát fordított a Magyar Keskenyfilmezők Egyesületének megalapitására, fejlesztésére, (ennek az egyesületnek „örökös elnöke" is volt) és mint lelkes katolikus, a jezsuiták irányítása mellett működő, nagyon elterjedt Mária-kongreganista mozgalom életében is igen aktív szerepet játszott.

1924 őszén - hazafias és vallásos felbuzdulásból - a magyarországi Mária-kongreganisták egy népes csoportja kelt útra, hogy a katolikus egyház legnépszerűbb Mária-kegyhelyén, a franciaországi Lourdesben könyörögjön a Boldogasszonyhoz hazánk siralmas állapotának jobbrafordulásáért, „megalázott és szétszaggatott hazánk régi határainak visszaállításáért." [1]

A zarándoklat egyik szervezője és résztvevője Pfeifer Gyula volt. A lourdesi táj, a zarándokhelynek még a nem hívőkre is gyakorolt lenyűgöző hatása mély nyomot hagyott lelkében. Valószínűleg itteni élményeinek befolyására, álmában megjelent előtte Szűz Mária és felszólította, hogy tiszteletére Magyarországon is létesítsen egy sziklatemplomot, illetve barlangkápolnát. Pfeifer Gyula a tettek és gyors elhatározások embere volt, igy a lehetőségek gyors mérlegelése után úgy döntött, hogy a lourdesi viszonyokhoz hasonló, durván padozott dolomitból épült budai Gellért-hegy egyik barlangjában létrehozza a „Magyarok Nagyasszonyának Sziklatemplomát." [2]

A zarándok csoport hazaérkezése után a kongregációs otthonban előterjesztette ezzel kapcsolatos terveit, elgondolásait, majd a „Kisegítő Kápolna Egyesület" kebelén belül, Zadravecz István tábori püspök és Dr. József Ferenc főherceg védnöksége alatt megalapitotta a „Szent Gellérthegyi Sziklatemplom (Lourdesi Barlang) Bizottságot." [3] A Bizottság tagjaiul - az említetteken kívül - számos vezető pozícióban lévő közéleti személyiséget sikerült megnyernie, akik nem csak erkölcsileg, de anyagilag is hathatósan támogatták a szép terv megvalósítását. Lázas szervező munka indult meg, melynek első látható eredményei 1925 telén mutatkoztak: megjelentek az első pilisvörösvári vájárok, hogy az akkori budapesti bányakapitányság [4] és egy kongreganista bányamérnök felügyelete mellett fejtőkalapácsaikkal és robbantással kialakították a Gellérthegy déli sarkában kimagasló sziklatömbben a Sziklakápolna térségét. Hét hónapig tartott ez a nagy szakértelmet és fizikai megerőltetést kívánó munka, mely a hegy sajátos geológiai viszonyai, a benne rejlő vizek alattomos munkája folytán cseppet sem volt veszélytelennek mondható. „Nehéz munka volt ez - írja Pfeifer Gyula - mert a laza sziklák alatt dolgozó munkások munkájuk közben sohasem tudhatták, hogy a szükséges biztositő szerkezetek hiányában mikor és mekkora szikladarab válik le hirtelen a mennyezetről és sújt le közéjük. Hullottak a nehéz sziklatömbök, de csodálatos, hogy Isten kegyelme mindég megóvta a Szent Szűz dicsőségére dolgozó és fáradozó munkásokat és soha semmi baj nem keletkezett ebből." [5]

A kápolna térségének kialakítása után következett egy alagút fúrása, mellyel az volt a tervezők célja, hogy a felső barlangtemplom szentélyét a keleti terasszal kössék össze. Az irányt egy főbányatanácsos mérte be teodolittal, de sikertelenül. Az alagút nem a teraszra lyukadt ki, hanem a barlang Dunára néző falát törte át. A bányászok nagy rémületére hatalmas kődarabok hullottak a Dunaparti úttestre, sőt a Dunába is és a kőtörmelékek ellepték a hegy alatt húzódó villamos síneket és a járdát is. Szerencsére senki életében, testi épségében nem esett kár. A bányászok a járókelők segítségével eltakarították a kőtörmelékeket. A járókelők önkéntes és szíves segítsége és az a körülmény, hogy a Szabadság híd (akkor „Ferenc József híd") hídfőjénél posztoló rendőr is segédkezett és az esetről nem tett feletteseinek jelentést, bizonyítja, hogy a lakosság nagy fokú rokonszenvvel kísérte a Sziklatemplom kialakításának munkálatait. Ez az együttérzés csodálatosan széleskörű volt. Amikor elfogyott a cement, mely a betonpadlózat kialakításához kellett, váratlan adományként, homokkal, kaviccsal együtt előteremtődött. Jelentkezett egy vállalkozó, aki ingyen elvégezte a villanyszerelési, egy, aki a vízvezetéki munkálatokat. 1926. március 19.-én a diósgyőri vasgyár keresztény szocialista munkásai felajánlották, hogy örömmel elkészítik dijtalanúl a barlang száját elzáró 12 méter széles és 2,5 méter magas, ókeresztény stílusú, nehéz vasrácsot és a kapukat, melyek felszerelését - ugyancsak a szent cél érdekében - a budapesti MÁVAG vasmunkásai ingyen vállalták. Egy kúriai bíró engedélyt kért, hogy a Csehszlovákiához csatolt területen nyugvó szülei emlékére az egyik üvegfestményű ablakot a saját költségén készíttesse el. [6]

Igy, ilyen spontán felajánlások révén készültek el az ablakok, ajtók stb. ... Egy bankvezér a Sziklatemplom Bizottság március 19.-ei ülésén felajánlotta, hogy a hátralévő munkálatok befejezéséhez pénzintézete készséggel bocsájtja a Bizottság rendelkezésére, kölcsönként, a még szükséges összeget.

1926. május 23.-ára, piros pünkösd napjára elkészült a Sziklatemplom felső szentélye a lourdesi grottával, a sekrestye, a kórus és az alsó templom kisebbik hajója, melybe később - a pálosok ide telepítésekor - Szent Erzsébet oltára került, s a kegyhely kialakulása, berendezése olyan állapotban volt, hogy lehetővé vált első megáldása, s ezzel "használatba vétele". Megjegyzendő, hogy a grottában állott kb. 2 méter magas, hófehér carrarai márványból készült „lourdesi Madonna-szobor alkotója Vastagh György szobrászművész volt. Sajnálatos, hogy 1950-ben a pálosrend magyarországi feloszlatásakor ismeretlen tettesek összetörték.

A sekrestye a külső főoltár mögött, az oltártól jobbra vájt üregben volt. Mellette balra lépcsők vezettek egy fölső barlang-nyílásba, a kórusra.

Tehát a Sziklatemplom első megáldása már lehetővé vált és sor került a jóval előbb megtervezett ünnepélyes program-tervek realizálására.

Az ország összes Mária-kongregációi úgy döntöttek, hogy a „Magyarok Nagyasszonya Sziklatemplomának" első megáldása napján - 1926. május 23.-án - Budapesten tartják meg országos kongresszusukat, melynek egyik programpontjóvá tették a templom megáldásán való részvételt.

A Sziklatemplom első részének megáldása

A templom első részének megáldása egész nap tartó ünnepség keretében folyt le.

Miután a Bizottság a Sziklatemplom egyházi gondozását Csernoch János bíboros hercegprímás hozzájárulásával az Assisi Szent Ferenc Rend Kapisztrán Szent Jánosról elnevezett tartományához tartozó budai ferencesekre bízta, a barlangtemplom megáldását e rend tartomány főnöke P. Unghváry Antal végezte nagy papi segédlettel. A megáldási szertartást ünnepi szentmise követte, melyet P. Unghváry Antal az alsó templomban celebrált. E szentmisén részt vett a Sziklatemplom Bizottság minden tagja, élükön Dr. József Ferenc főherceggel. A szentmisén a főherceg, a Bizottság összes tagjai, valamint Anna főhercegasszony és több ezer hivő járult a szentáldozáshoz. A szertartás alatt a lágymányosi ének- zene-egyesület Sugár Jenő vezényletével Huber „Salve Regina Pacis" miséjét adta elő. Pfeifer Gyula igy írta le a megáldással kapcsolatos délutáni eseményeket:

„A Sziklatemplom megáldásának legszebb és legmagasztosabb része a lourdesi Szűz Mária-szobor megáldása és azzal kapcsolatosan a kongregációs kongresszusnak a Patrona Hungariae Sziklatemplomhoz vezetett nagyszabású hódoló és engesztelő gyertyás körmenete volt. A menet résztvevői - közel ötvenezren – a Jézus Szíve templomban megtartott ájtatosság után Glattfelder Gyula püspök vezetése mellett vonultak fel a Sziklatemplomhoz.

A gellérthegyi Sziklatemplom külső főoltára.
Jobbra a sekrestye, balra a belső templomnak a bejárata.

A menet elején - a lovasrendörök után - a férfiak, a menet második részében pedig a nők vonultak fel.

A menetben részt vett a „Regnumi zenekarral" az élén [7] - őrsi és csapatzászlóik alatt - mintegy ezer cserkész fiú. Részt vettek a Szívgárdisták, a középiskolák, az ifjak-, legény egyletek, iparosok, tisztviselők, valamennyien zászlóik alatt és zenekarukkal. Impozáns volt MÁV-gépgyári munkások, a vasutasok és a postások hatalmas tömege. Ott voltak a vidéki városok és falvak küldöttei, a különféle katolikus egyesületek és az egyes plébániák küldöttségei. Utánuk jöttek a világi és a szerzetesrendek képviselői. Ezeket követték a fővárosi és vidéki Mária-kongregációk végeláthatatlan sorai. Gabriella főhercegnővel az élükön részt vettek az apácarendek és az összes ájtatossági egyesületek, továbbá a Szociális Misszió Társulat, az Oltár Egyesület tagjai stb.

A menet a József körúton, Üllői úton, Kálvin téren és a Ferenc József hídon (ma Szabadság-híd) keresztül vonult fel a Sziklatemplomhoz és megtöltötték nem csak a templom előterét, hanem a Ferenc József híd előtti Gellért teret és a Dunapart előtti térségeket is.

A papság és a kongregációk vezetői felmentek a templom hajójába, ahová időközben megérkeztek József, József Ferenc főhercegek, Auguszta és Anna főhercegasszonyok, Ripka Ferenc főpolgármester, Sipőcz Jenő polgármester és sokan a meghívott előkelőségek.

A Sziklatemplomot Dr. József Ferenc főherceg, a Bizottság elnöke, megható beszéd kíséretében adta át használatra a fővárosnak.

„Piros pünkösd napján, az isteni bölcsességnek nagy ünnepén zarándokoltunk ide" - mondotta a főherceg és így folytatta: „Mi vagyunk az első zarándokok. Nemzedékeknek végtelen sora fog minket követni. A Magyarok Nagyasszonya minékünk katolikusoknak legelsőrendű tiszteletű tárgyunk, de azonkívül a Nagy Patróna minden más vallásnak, az egész magyar nemzetnek is szimbóluma. A harcokban a zászlón lengett az Ő képe, a pénzeinken ott tündöklik csodálatos alakja. Sok magyarnak a könyörgését hallotta Ő már; de nem csak hallotta könyörgésüket a Nagyasszony, hanem meg is hallgatta azokat. Gyöngéd, áldozathozó keze annyiszor fölemelt már minket a nyomorúság mélységéből… ha Ő nem lett volna és az Ő szeretete nem élt volna köztünk, ez az ország nem létezne már…

Ennek, a Szent Gellért vérétől áztatott hegynek sokezer éves barlangjában épült fel a templom, melyet most engesztelésképpen felajánlunk a Magyarok Nagyasszonyának! Felajánljuk pedig azért a sok félreértésért, hibáért és hűtlenségért, ami ebben az országban megesett…"

Beszédét, melynek csak néhány gondolatát idéztük, éppen úgy, mint az ünnepség minden mozzanatát megafonok továbbították a hegy lábánál is szorongó tömeghez.

A főherceg után Sipőc Jenő, Budapest polgármestere szólalt fel. Örömének adott kifejezést, hogy a főváros gazdagabb lett olyan hellyel, ahol Krisztus tanításait, a szeretetet és az embereknek egymás iránti kötelességeit hirdetik. Majd a főváros nevében hivatalosan átvette használatra a kegyhelyet.

Utána Glattfelder Gyula püspök megáldotta a barlangban elhelyezett lourdesi Szűz Mária szobrot, majd P. Schrotty Pál, ferencrendi gvardián - beszédében az ünnep jelentőségét méltatva örömmel vette át a kegyhelynek rendtársai által való gondozását.

Ezek után a klérus gregorián szólamra elénekelte a lourdesi litániát, Glattfelder püspök pedig az Oltáriszentséggel áldását adta az egybegyűlt sokaságra.

Az áldás előtt még elhangzott a székelykereszturi Molnár Sándornak az erre az alkalomra írt, lélekemelő, hazafias himnusza [8]:

AVE-MARIA.

(A lourdesi himnusz dallamára.)

1. Halld jajkiáltásunk hazánk Patrónája,
   Nyomorgó néped kér: mosolyogj le rája.
   Ave, ave, ave Mária! Ave, ave, ave Mária!

2. Nagy Magyarországunk szent Védőasszonya,
   Hivő magyarjaid fogadd oltalmadba.
   Ave stb.

3. Védelmed kívánjuk, mi: áldozó hívők,
   Szent neved kiáltjuk, mi: keresztet vivők
   Ave stb.

4. Új sziklatemplomod szent neved hirdeti,
   Magyar néped hitét csak Nálad keresi.
   Ave stb.

5. Te vagy a Tisztaság: óh, tisztítsd meg hitünk,
   Te vagy az Erősség: óh, erősítsd szívünk.
   Ave stb.

6. Te vagy az Igazság, az örök szeretet,
   Igazságot hintsen virágos szent kezed.
   Ave stb.

7. Mária, Mária, bilincsben két kezünk,
   Bűnös népek helyett mi, csak mi szenvedünk.
   Ave stb.

8. Szent István országa sebzett szíve vérzik,
   Büntetlen kínozzák Mária hű népit
   Ave stb.

9. Tégy szabaddá újra, nézz a magyar népre,
   Ellenségeinktől szabadíts meg végre.
   Ave stb.

10. Mária szólalj meg: Énhozzám jöjjetek,
    Az én utam igaz, mennybe csak ez vezet.
    Ave stb. …

11. Északon, Keleten, Délen és Nyugaton
    Ne sírj hivő népen, ne sírj jó magyarom!
    Ave stb.

12. Szép virágoskertem nem, nem marad árva,
    Szabad lesz Mária szép Magyarországa.
    Ave stb.

13. Mária hitében örök egyezségben,
    Szabad lesz a magyar, boldog közösségben!
    Ave stb.

14. Védőasszony-anyánk, boldogságos áldott,
    Fogadd kegyeidbe bús Magyarországot!
    Ave stb.

15. Halld jajkiáltásunk hazánk Patrónája,
    Nyomorgó néped kér: mosolyog le rája.
    Ave stb.

Az ünnepséget befejező pápai és magyar himnusz
már ötvenezer ember ajkáról szállt a magasba…

A budai ferencrendi szerzetesek nagy lelkesedéssel,
apostoli hittel látták el a Sziklatemplomba járó hívek

lelki gondozását. A viszonylag kis templom a város leglátogatottabb ilyen természetű objektuma lett. Mint kuriózumot, más vallásúak is szép számban látogatták, s forgalma főleg az idegenforgalmi szezonban különösen megnövekedett.

Pfeifer Gyula jószándékú, de kissé különös ember volt. A Sziklatemplomot szinte magáénak tekintette. Fölöslegesen és minden alap nélkül beleszólt a ferencesek ügyeibe, a templom rendjébe, ügyvitelébe. Megtette, hogy pl. önhatalmúlag kinyitotta a tabernákulumokat, kivette a cibóriumokat - ami az akkori egyházi előírások szerint laikusoknak szigorúan tilos volt - megnézte, hogy van-e bennük elegendő consecrált ostya, s ha véleménye szerint nem volt elegendő, utasította a pátereket, hogy sürgősen consecráljanak stb. Idővel a jámbor atyák türelmüket vesztve, 1927. szeptember hó 15.-én szóval és írásban is bejelentették a Bizottságnak, hogy ilyen körülmények között nem tudják és nem is hajlandók a Sziklatemplomban ellátni a lelkészi teendőket. Szeptember 16.-tól távol maradnak a Sziklatemplomtól.

Az eset nagy port vert fel, különösen mikor a ferenceseket megkedvelt hívek Pfeifer Gyulától visszakövetelték a kápolnának ajándékozott oltárterítőket, gyertyatartókat, vázákat stb. mondván, hogy azokat a ferenceseknek adták.

Az akkori sajtótudósítók szerint hatalmas tömeg lepte el a Sziklatemplom előtti térséget és a ferencesek távozásáért Pfeifer Gyulát okolva szinte ostrom alá vették a templomot. Pfeifert, aki bezárkózott a templomba, csak a több riadó-autóval érkezett rendőr különítmény tudta megmenteni a felháborodott tömeg dühétől.

A ferencesek kivonulása utáni helyzet

A ferencesek kivonulását követően Pfeifer Gyula világi papok segítségét kérte, de ezek sem tűrték el illetéktelen beavatkozásait, melyek a rituális dolgokra is kiterjedtek. Rövidesen nem talált senkit, aki a Sziklatemplomban a papi, lelkészi teendőket ellássa.

Ebben ez időben épült a lilafüredi „Palotaszálló". Az állami költséggel és irányitással épülő luxus-szálló építkezési munkálatainak ellenőrzésére a minisztérium részéről Pfeifer Gyulát rendelték ki, aki igy sűrűn leutazott Lillafüredre. Füredi tartózkodása idején rendszeresen az ottani plébánián szállt meg. Egy ilyen alkalommal elpanaszolta vendéglátó gazdájának, a plébánosnak, hogy nem tud sem szerzetes, sem világi papot szerezni, aki hajlandó lenne a Sziklatemplomba járni szándékozó hívek lelki gondozására, a liturgikus teendők elvégzésére. A plébános azt tanácsolta, lépjen érintkezésbe Zichy Gyula kalocsai érsekkel, aki már jó ideje a pálosok haza telepitésén fáradozik és ajánlja fel a Sziklatemplomot a pálosoknak. Pfeifer Gyula meg is fogadta a tanácsot, felkereste a jótékonyságáról és hazafiasságáról ismert érseket. [9] Az érsek azonban ragaszkodott, ahhoz, hogy Pécs legyen a visszatelepülő pálosok első otthona. Pfeifer Gyula - mint már szó volt róla - a gyors elhatározások embere volt, nem sokat vitatkozott. Rózsika nénivel, az áldott emlékű feleségével vonatra ült és meg sem állt Czenstochowáig, ahol a rend generális perjelének felajánlotta a Sziklatemplomot. A generálisnak tetszett a terv és sikerüli

Zichy Gyulával megállapodnia, hogy a visszatelepüléskor egyszerre foglalják el a pálosok a pécsi és a Gellérthegy oldalában, a Sziklatemplomhoz építendő kolostort.

Pfeifer Gyula czenstochowai tartózkodása alatt több tekercsfilmet készített Czenstochowáról, az ottani pálosokról, majd hazatérve ezekkel járta az országot, igyekezvén a vetítéssel kisért előadásaival híveket szerezni az egyetlen magyar alapítású szerzetesrend hazatelepitésének. Fáradozása sikerrel járt, az ország lakosságának nagy része örömmel, lelkesedéssel támogatta a pálosok hazatelepítésének tervét. A Bizottság lázas tevékenységbe kezdett. 1930. novemberében ismét megjelentek a Sziklatemplomba a pilisvörösvári bányászok és közel három hónapos munkával, 1228 robbantással - „lövéssel", mint bányász szaknyelven mondják - kitágították a templom-üreget, elkészítették az alsó templomot, mely lényegében a magyar szentek pantheonja lett, itt állították fel Szent Istvánnak, Szent Lászlónak, Szent Imre hercegnek, Árpádházi Szent Erzsébetnek és Boldog Margitnak az oltárait. A főoltár fölött kapott helyet a szenvedő Krisztus „limpiasi" keresztje. A munkálatokat Pfeifer Gyula irányította, fittyet-hányva az egyházi személyek tanácsainak, a maga elgondolása szerinti, „modern" oltárokat tervezett, melyek majdnem valamennyije unliturgikus volt, nem felelt meg az egyházi előírásoknak és méreteik miatt sok nehézséget okoztak az előttük fungáló papoknak. Ez is jellemző volt a jószándékú, de önfejű, akaratos „Gyula bácsira", akinek bizony néhányszor meggyült a baja a több esetben engedély nélkül végzett robbantások miatt a hegy stabilitását féltő fővárosi hatóságokkal is. A munka azonban lázas gyorsasággal haladt. Az ország áldozatkész katolikus lakosságának jóvoltából anyagban sem volt hiány, 1931 májusára kialakult a templom végleges légtere, mely az építendő kolostor számára kiszemelt padkáig nyúlt északi irányban.

1931. május 25.-én, pünkösd másnapján, sor kerülhetett a felszentelésre. A felszentelési szertartást nagy papi segédlettel Zichy Gyula kalocsai érsek és Horváth Győző felszentelt püspök végezte.

Az érsek és a püspök egy időben misézett. Az alsó templomban, a magyar szentek pantheonjában az érsek, a felső templom kegyoltáránál a püspök mutatta be a szentmise-áldozatot. A miséhez kapcsolódó karéneket Sugár Jenő és Topolanszky karnagyok vezényletével a lágymányosi énekkar szolgáltatta. Éneküket az alsó templom kórusából magnetofonok közvetítették a felső templomban és a templom-előterében elhelyezkedett hívek tömegéhez, éppen úgy, mint az érsek beszédét.

Este 7 órakor a főváros minden részéből és a vidékről felzarándokolt kongreganisták, a székesfőváros egyházközségei, katolikus egyesületei és szervezetei zenével, fáklyás felvonulást rendeztek a főváros közigazgatási vezetőivel, a Sziklatemplomhoz.

Este fél nyolckor P. Bőle Kornél, a pesti domonkos rendház priorja mondott beszédet az egybegyűlt tömegnek, majd Angelo Rotta c. érsek, pápai nuncius tartotta meg a szokásos májusi ájtatosságot, melynek végén áldást osztott az Oltáriszentséggel. Az ájtatosságon több mint húszezer ember vett részt.

A templom végleges beosztása

A megnagyobbított Sziklatemplom két részből állt. A felső templomból és az alsó templomból.

A felső templom két részre tagozódott: a hegy déli sziklafokának a Dunára kiugró terraszán húzódó szabad ég alatti részből, mely a felső templom hajóját képezte. Itt foglalt helyet a külső szószék és 24 betonba ágyazott fapad a hívek részére. Ezt a részt egy 2,5 méter magas vasrács választotta el a tulajdonképpeni szentélyt képező barlangnyílástól. (A vasrács feletti szabad részt dróthálóval látták el a galambok elleni védekezésül) Ebben a szentélyben állt a fehér márványkőből faragott, ókeresztény motívumokkal diszi tett kegyoltár, melyet Dr. Lux Kálmán műépítész tervezett. Az oltár tabernákuluma felett helyezték el azt az olajfakeresztet, melyet Trux Jenő hozott Jeruzsálemből, itthon pedig díszes vasalással keretbe foglaltak

A szentély északi sziklafalából nyílt a sekrestye ajtaja, mellette vezetett fel egy lépcső a felső kórusba. A sekrestye belső berendezését a „Dunaharaszti Faipari és Fakereskedelmi Rt." adományozta.

A kórust igy írja le Pfeifer Gyula a már idézett munkájában:

„Az ókeresztény stílusú, faragott kőmellvéddel ellátott felső kórus négy méterrel fekszik magasabban, mint a szentély felszíne. A felsőtemplomban tartott misék alatt rendesen erről a kórusról tartják a szentbeszédeket, melyeket megafon közvetít az alsó templomba és a külső hajóban ülő híveknek." (Pfeifer Gyula: Nagyasszonyunk szentgellérthegyi Sziklatemplomának története. Bp. 1931. 28. p) [10]

A felső kórus felett volt a kőbe faragott főoltárkép, a felajánlási szoborcsoportozat, amely azt a jelenetet ábrázolja, amikor Szent István felajánlja koronáját a Boldogasszonynak.

A szentély keleti oldalán, kb. négy méter magasságban egy kicsiny, de a sziklák közé mélyen benyúló barlang volt, melybe a lourdesi Szent Szűz a - ruszkicai márványból faragott, s Vastag György szobrászművész által készített - remekbe készült szobra állt. A szép rózsaszínű ruszkicai márványtömböt a ruszkicai márványbánya tulajdonosa, Biebel úr ajánlotta fel ingyen, a szobor kifaragásához szükséges összeget pedig a „Csonkamagyarországi Mária-kongregációk" gyűjtötték össze és adományozták a Sziklatemplomnak.

A gyönyörű szobor előtt a MÁVAG munkásai által készített vasveretű, magas gyertyaállvány volt elhelyezve, amelyen állandóan égtek a hívek áldozati gyertyái. Az állvány mögött számtalan kis – a hívek által adományozott – márványtáblácska volt látható a sziklafalon az imameghallgatások emlékeiként.

A felső barlangtemplom szentélyének boltozatát alkotó sziklák nagyon repedezettek voltak, megkötésük, megerősítésük igen óvatos munkát igényelt, hogy a boltozat be ne szakadjon, meg ne süllyedjen a székesfőváros által adományozott és fölé kerülő nehéz vasbetonkereszt súlya alatt. A lelkiismeretesen, nagy szaktudással dolgozó építők jó munkát végeztek, még hosszú évek után is szilárdan állt a sziklatömb. (A sziklatömb tetején állt vasbeton keresztet 1945 után eltávolították.)

A felső barlangtemplomból a kórus alatt kiképzett alagúton át lehetett bejutni a földalatti, belső templomba. Az alagút egy nehéz vaskapuval volt elzárható. A hideg idő beálltával a földalatti templomban tartották az istentiszteleteket, mivel a melegvíz források átfűtötték a sziklákat, s azok kellemes meleget sugároztak. A világítást a folyton égő és a boltozatba besülylyesztett villanylámpák szolgáltatták, valamint a Dunára nyíló három kis ablak. Ezek az ablakok is művészi kivitelű üvegfestmények voltak. Az egyiken – mely Jurka kúriai bíró adománya volt - a feldebrői földalatti templom Krisztust ábrázoló falfestményének volt hü másolata. A Kapuszta János építész által adományozott másik színes ablak Jézus Szívet és a négy evangélistát ábrázolta. A harmadikat, mely Marschal József és nejének adománya volt, Friedlinger festőművész alkotta és a Patrona Hungariae arcképét mintázta.

A földalatti templomnak két hajója volt. E két hajót egy szakaszon 2,5 méter vastag sziklafal választotta el egymástól.

A kisebbik és alacsonyabb hajó háromszögletű volt, s közepén – három sziklapillér között – állt a magyarországi Szent Erzsébet feldebrői oszlopokkal kiképzett, műkőből készült oltára. Az oltár fölé Weichinger Károly műépítész egy vasból kikovácsolt Jesse-fát készített, melynek ágai Szent Erzsébet alakját körül övezték.

Ettől az oltártól jobbra állt Szent Imre hercegnek fehér műkőből kifaragott életnagyságú szobra. Az oltár fölött az Iparművészeti Főiskola hallgatói által készített, színes kerámiából kiképzett feszület volt látható."

A hajó oldalfala mellett, faragott kőpadkákon nyugvó, sötét színűre pácolt fenyőfapadok húzódtak, kihagyva a stallumot, amelyben egy aranyozott karosszék és két ülőke állt.

E kisebbik hajóban, az egyik pillér előtt lisieuxi kis Szent Teréz szobra helyezkedett el.

A főhajóba három sziklanyíláson lehetett bejutni. Az első boltnyílást egy ókeresztény-stílusú, háromajtós kovácsolt vasráccsal lehetett elzárni. Tervezője – épp úgy, mint a szomszédos Árpádházi Boldog Margit kápolna műkőből készült oltárának - Weichinger Károly műépítész volt. A Boldog Margit oltára alatt képezték ki a nagyheti szent sírt. Az oltár felett Boldog Margit kerámiából készült, reflektorral megvilágított szobra állt.

E kápolnából két boltíves nyíláson át lehetett a főhajó szentélyébe átmenni.

A kisebbik hajóból egy sziklaboltozatú folyósón át a Szűz Mária kápolnába lehetett átjutni. Ez egyben az alsó templom kórusát is magába foglalta. A kórus maga mindössze négy lépcsőfokkal emelkedett az alsó templom szintje fölé és egy ókeresztény stílusban kiképzett és vasajtóval zárható galériával függött össze. A galéria alsó része műkőből, felső része kovácsolt vasból épült. A Szűz Mária kápolnából át lehetett tekinteni az alsó templom mindkét hajóját.

A kórus mellvédje mellett egy fából faragott Szent Antal szobor állt, mellette volt a főhajóba nyíló vágat. A főhajó mennyezetét részben természetes szikla, részben mesterséges vasbeton boltozat alkotta, s mindkettőt biztonsági okokból cementgönnel vonták be.

A főhajóban három oltár nyert elhelyezést: Szent István, Szent László és a limpiasi Krisztusnak felajánlott főoltár. Az előbbi két oltár közé egy vasveretű kapuval zárható kijáratot képeztek, melyen át a Dunapart felőli, a templomtól északra fekvő teraszra lehetett kijutni, ahonnan lépcsők vezettek le a Dunaparti sétányra. A később megépült pálos kolostorba is itt lehetett átjutni.

A főoltár Szabó Lóránt műépítész tervei szerint, részben haraszti mészkőből, részben pedig budakalászi homokkőből épült és az elötte húzódott kovácsolt vas korlátot - mely ugyancsak ókeresztény motívumokkal cifrázva készült - Forreider mester alkotta. Az oltártól jobbra állt a stallum, balról a négy evangélista szobrával diszitett szószék.

Külön említést érdemel a főoltár fölött elhelyezett limpiasi feszület fából faragott mása, melyen a corpus kifaragása sok gondot okozott a tervezőknek, mivel az eredetiről még a spanyol nagykövet közbenjárására sem lehetett másolatot készíteni. Végül is két évi próbálkozás után, fényképek alapján, a fiatal Grandtner Jenő szobrásznak sikerült egy megközelítően hű másolatot készíteni, melynek festését Ramold Lajos tanársegéd vállalta.

Megérkeznek a Pálosok

Az újabb visszatelepítésnek két jelentős ellenzője volt. Az egyik a czenstochowai lengyel generális, Markiewicz Péter volt, akinek véleményét bizonyára az 1902.-évi nagylévárdi telepités kudarcáról nem egészen tárgyilagosan beszámoló P. Jedrzejczyk Ágost 1908 november 29.-én kelt s a rendfőnökhöz intézett levele befolyásolhatta. A másik Serédi Jusztinián hercegprímás, esztergomi érsek volt, aki a visszatelepülő pálosok megélhetését nem látta biztosítottnak.

Zichy Gyula, akkor már kalocsai érsek és Pfeifer Gyula azonban, hátuk mögött érezvén az ország lakosságának körében az egyetlen magyar alapítású szerzetesrend iránt megnyilvánult szeretetet, a közvéleményben megmutatkozó igényt, hogy a nemzet küzdelmeiben évszázadokon át részt vett pálosok hazatérhessenek 148 évi száműzetésükből, nagy lelkesedéssel munkálkodtak a tömegek e vágyának megvalósulása érdekében.

Markiewicz Péter generálisnak a pálosok hazánkba való visszatelepítésének makacs ellenzése miatt Zichy Gyula érsek és Pfeifer Gyula, bizonyítva, hogy ha egy szerzetesrend Magyarországon való léte jogosult, az csak a pálosrend lehet, hiszen kimondottan magyar szerzetesrend, mely évszázadokon át részt vett a magyar kultúra fejlesztésében, a tatárjárástól kezdve minden szabadságharcunkból kivette a részét, s most az ország lakossága számára nagy csalódás lenne, ha az egyházi felsőbb hatóságok akadályokat gördítenének a visszatelepítés elé. Róma teljes megértést tanúsított a magyar katolikusok egyetemleges kérése iránt engedélyezte a letelepülést. P. Gyéressy Ágoston kéziratban maradt „Magyar pálosok 1934-1951." című „Vázlata" szerint még a 20 éve kormányzó Markiewicz Péter generális perjelt is lemondatta Róma. [11]

„Patrona Hungariae" a kis Jézussal.
Feszty Masa festménye a gellérthegyi Sziklatemp-
lomban.

Közben a Szentszék kívánságára némi változtatásokat (enyhítéseket) eszközöltek a rend constitutióin, s ez új szabályzat [14] megtárgyalására összeült nagykáptalanon hat évre prior generálissá (rendfőnökké) választották a magyarokat pártoló, széles látókörű, szent életű Przeździecki Piust, aki elődjével ellentétben nagy jóindulattal viseltetett a magyarországi visszatelepítéssel kapcsolatban.

A Zichy érsek által adományozott két holdas telken lévő pécsi ház, a nagyforgalmú Sziklatemplom lehetővé tette anyagi szempontból is a pálosok visszatelepítését. Ezeken kívül valószínűvé vált a rend egykori máriacsaládi kolostorának a visszaszerzése és a Schmidt Miksa -féle hagyaték birtokba vétele is. (Schmidt Miksa híres és dúsgazdag bécsi bútorgyáros volt, aki végrendeletében a kiscelli és nagytétényi kastélyait a Fővárosra, a Gellért Szálló mögött lévő Mányoki úton volt kastélyát a hozzá tartozó nagy parkkal a pálosokra hagyta azzal a kikötéssel, hogy abban rezideáljon a rend főnöke. A család megtámadta a pálosokra vonatkozó végrendelkezést. A sokáig húzódó per kiegyezéssel ért véget, de a rend - bizonyos okok miatt - nem élt jogaival.)

Az új prior generális nagy megértéssel és jóindulattal tárgyalt mind Zichy érsekkel, mind Pfeifer Gyulával és igy a rend részéről eddig támasztott akadályok elhárultak.

Sikerült Serédi Jusztinián bíboros hercegprímás, esztergomi érsek ellenszegülését is megtörni, aki

engedve a magyar katolikus társadalom körében álta-
lánossá vált kívánságnak, beleegyezését adta a pálos-
rend hazánkban való letelepedéséhez. 1933. január 1.
-én kelt az általa kiadott, az alábbi szövegű engedélye-
zési okirat [15]

DECRETUM

Rogante Rmo Dno P. Pio Przezdziecki, Priore
Generali Ordinis Sancti Pauli I. Erem.
(Czenstochoviae in Polonia) hoc Nostro decreto ad
normam can. 497. §. 1. licentiam concedimus, ut idem
Ordo S. Pauli I. Erem. Budapestini, in nostra
Archidioecesi Strigoniensi servatis ceteris de iure
servandis monasterium canonice erigere valent prope
ecclesiam Beatae Virginis Magnae Dominae
Hungarorum in antro montis S. Gerardi, quia ad
eiusmodi monasterium erigendum iure requisita
omnia adesse videntur.

Adegt enim ecclesia sat ampla (can. 497.§.2.); porro
Civitate Budapestiensi necnon Comissione pro
praedicta ecclesia curanda opitulantibus construetur
domus sufficiens secundum delineationem a Rmo P.
Priore Generali acceptaten, aderunt ex ipsa ecclesia
proventus sufficientes (can. 496.), quos simul cun
ecclesia erigendo monasterio concredimus ea tamen
lege, ut idem monasterium in ecclesia servitium
religiosum in se suscipere et secundum sacros
canones exercendum curare debeat. Quodsi tamen
praedicti proventus aliquando pro alendis religiosis

praeter exspectationem forte non sufficerent, eosdem Ordo S. Pauli I. Erem. ex propriis supplebit.

Ubi vero ipse Ordo deficientes proventus detrectaverit, monasteriumque ad normam can. 498 a S. Sede supprimi curaverit aut ipsum monasterium aliis ex causis quocumque modo esse de – sierit: religiosos ibidem degentes in alia eiusdem Ordinis monasteria transferre eisque concongruam sustentationem de propriis cesuram reddere idem Ordo tenebitur. Suppresso autem quaecumque ratione praedicto monasterio idem Ordo memoratem domum et ecclesiam Nobis, nostrisve successoribus pro tempore Budapestini loci Ordinariis restituere debebit, ut Nos nogtrive successores de exercendo in ea cultu divino itemque de animerum cura alio modo providere valeamus

Datum Strigonii, die 1. Januarii 1933.

> Justinianus Card. Serédi m.p.
> Princeps Primas Hungariae,
> Arehiepiscopus Strigonien.

ad b. mandatum:
Z. Meszlényi cancellarius m.p.

Ezzel - miután a Sziklatemplom megnagyobbítása elkészült – már csak a kolostor elkészítése volt hátra, hogy a pálosok megérkezésének, letelepedésének lehetősége valóra válhasson.

Mint már szó volt róla: a Szent István és a Szent László oltár közé egy vasveretű kapuval zárható hátsó kijáratot képeztek. Ez elött nyert elhelyezést a rend visszatelepítését megelőzően készült, szép vasráccsal elzárható czenstochowai kápolna, melynek oltárképét, a czenstochowai Fekete Madonna kegykép pontos másolatát, Páter Jedrzeyczik Ágoston, lengyel pálos festőművész készítette. E mellett elhaladva lehetett a később megépült kolostorba átjutni, melyhez - mint a házi kápolnához csatolt - Szent István oltár is tartozott.

Ez a helyiség volt a templom legbelső helyisége, melyben a gyóntatószékek nyertek elhelyezést, s mely egy művészi kivitelű vasráccsal elhatárolva különült el a kolostor házikápolnájától, a Szent István kápolnától. A templom nyitvatartása idején a hívek a rácson keresztül zavartalanul figyelhették a szerzetesek közös imáit, az atyák zsolozsmázását. Itt mutatták be minden reggel a konventmisét, ez volt az előírásos közös elmélkedéseknek a színhelye is. Ez a kápolna már a klauzúrához tartozott. [16]

A gellérthegyi pálos kolostor.
(Fénymásolat Szily Sz. Károly „Emléklap" című, a
pálosok 1934-ben történt hazatelepülése alkalmából
kiadott munkájából.)

Mellette, a gyóntatóhelyiségül szolgáló, a templom legbelső helyiségét képező részből nyílt egy ajtó, melyen át a kolostorba lehetett jutni, melyet Weichinger professzor tervezett a Halászbástya stílusában, kissé modernizálva.

A kolostor szorosan a Gellért-hegy oldalához simult. Az első emeletén három cella, egy fürdőszoba, a kapus fráter cellája és a világiak, általában a látogatók fogadására készült fogadószoba (az ún. „toronyszoba") volt. Ez utóbbi már nem tartozott a klauzurához. Az említett három cella alatt volt az ebédlő (refektórium), ahol külön asztalnál (a főasztalnál) foglaltak helyet a páterek (klerikusok) és külön asztaloknál a segítőtestvérek (laikus fráterek). Az ebédlő mellett volt a villanytűzhelyekkel felszerelt konyha, az éléskamra és a szakács testvér cellája. A fogadó alatti toronyszobában volt a könyvtár, közte és az ebédlő között a könyvtáros cellája. A fogadószoba fölött a II. emeleten a rekreációs szoba helyezkedett el, mely rossz idő esetén az ebéd- és vacsora utáni rövid "felüdülés" színhelyéül szolgált. A rekreáción a ház minden lakója köteles volt részt venni. Ilyenkor beszélgetéssel, tréfálkozással töltötték az időt. A beszélgetésben mindenkinek részt kellett venni, a félrehúzódókra, elzárkózókra rászólt az elöljáró. A beszélgetés leggyakoribb tárgya a pasztorációval, annak jó és rossz módszereivel volt kapcsolatos, de sűrűn kerültek megvitatásra dogmatikai és egyházjogi kérdések is. A felüdülést jelző csengő-szóra mindenki a cellájába vonult és a fél óráig tartó "lelkiolvasás" után [16] a kötelező szilencium betartása mellett végezte munkáját. (A rekreáció és néhány kivételes eset leszámításával csak az elöljáró engedélyével és fontos ügyben válthattak szót egymással a rendtagok.)

A rekreációs szoba mellett volt a perjel cellája és egyben az irodája.

A folyósó egy másik fürdőszobához vezetett és egy lépcsős feljárathoz, melyen át a tetőteraszra lehetett feljutni. Szép idő esetén itt zajlott, le - fel-alá sétálgatva – a rekreáció. A terasz északi részében volt az említett „toronyszobák" felső szintje, hegyes kupolás torony - tető, melyben harangjátékra összehangolt harangok voltak. Magáról a teraszról gyönyörű kilátás nyílt a Dunára és Pestre. A terasz, illetve az épület szilárdságát bizonyítja, hogy amikor Budapest bombázásakor egy több mázsás szikla zuhant rá a hegyről, a legkisebb kárt sem okozta.

A perjel cellájától húzódó folyosóról nyíltak a páterek és a vendégek cellái, egy nagyobb szoba a segítőtestvérek és jelöltek számára, valamint a generális perjel esetleges látogatására készült „nagy szoba".

1934 tavaszára tehát már készen állt a pálosok fogadására a megnagyobbított Sziklatemplom és a hozzá épült, s Buda szebbnél szebb épületei közé sorolható kolostor, mely ma is a Gellért-hegy szépségét fokozza.

A Sziklatemplomot P. Gyéressy Ágoston Béla dr. igy írja le a „Monostorok rejtett kincse" c., ma még kéziratban lévő művészettörténeti munkájában:

„... Valami különös varázsa volt ennek a budai Sziklatemplomnak: páratlan az egész világon! Talán még a világhírű hindu barlang-templomok (Ajanta, Elephanta...) sem versenyezhettek vele, bár művészeti kincsekben: freskókban, domborművekben messze kimagaslók. De itt a Gellérthegy tövében valami különös hangulat ragadta meg a belépőt. Nem csak a hegy melegvíz-forrásai miatt volt télen is kellemesen meleg, hanem a misztikus félhomályban felvillanó oltárok, képek, szobrok, s főleg a rejtett hangszórókból titokzatosan áradó szent ének és orgona-zúgás igézte meg a hívőt, s hitetlent egyaránt. Hogy zengett itt a litánia egykor:

"Remetéknek Királynője, tiszta Szűz,
Kérdjed a Te szent Fiadat érettünk!
Édes Virágszál, hozzád esdeklünk!
Szép Szűz Mária könyörögj érettünk!"

A pálosok első csoportja 1934. május 12.-én érkezett meg Lengyelországból a szobi határállomásra, ahol a fellobogózott indóház előtt díszes küldöttség élén az egyházi és állami élet több kiválósága fogadta őket. Az épület könyékét ellepte az összesereglett hívek sokasága.

A novitiátust még Lengyelországban végzett magyar pálosok közül P. Besnyő Gyula meghatottan köszönte meg a nem várt lelkes fogadtatást, majd a lengyel atyák közül Páter Raczyński Kajetán mondott lengyel nyelven rövid beszédet.

A csoport magyar tagjai voltak:
P. Besnyő Gyula,
P. Szabó István József,
Fr. Kelemen Adalbert teológus
Fr. Müller Imre Gellért teológus,
Fr. Sipos Elemér Antal teológus,
Fr. ? Kristóf teológus

és még két segítőtestvér, akik rövidesen megváltak a rendtől.

Lengyel nemzetiségűek voltak:
P. Raczyński Kajetán,
P. Izdebski Kelemen,
P. Szczawarin Szczepan - István,
P. Zembrzuski Mihály (akit közvetlenül az elindulás elött szenteltek fel.)

Fr. Póczak Lajos Leo segítőtestvér,
Fr. Krys Máté segítőtestvér,
Fr. Pasnik Kázmér segítőtestvér,
Fr. Mitura Márk segítőtestvér,
Fr. Sowa Ferenc segítőtestvér, akit nemsokára a római rendházba helyeztek át.

Budapesten az egyik ünnepség a másikat követte. Egyházi hangversenyeket, díszgyűléseket stb. rendeztek a pálosok tiszteletére. A sajtó is sűrűn foglalkozott a rend múltjával és jelenével. Egymás után jelentek meg a tehetséges és a kevéssé tehetséges költők verses-füzetei, melyek lelkes szavakkal köszöntötték a „hazatért egyetlen magyar alapítású szerzetesrendet". Hogy e versek témáiról, hangulatáról és szinte túlfűtött érzelmi tónusáról néni képet alkothassunk, csak Szily Sz. Károly író-költő „Em1éklap" c. 16 oldalas ódájából idézünk néhány jellemző sort [17]:

„…fényt, örömet, újult reményt hozott
e szép nap szívünkbe, lelkünkbe!
………
A miénk voltatok Ti,
kiknek izzó lelkű szerzetesrendje
hat történelmi évszázadon át,
ápolta itt a krisztusi hit s erkölcs
erőt fakasztó életforrását,
hintették termékenyítő áldott sugarát,
lombosították és virágosították
a magyar kultúrát! …
A miénk voltatok Ti,
kik együtt örültetek,
s ha kellett együtt szenvedtetek
e nemzettel hat évszázadon át; -
Ti, kiknek sok dicső rendi elődje
gyászos Mohács alatt lelte hős halálát,
és megvédte vitézül és bátran
a törökkel szemben Visegrádnak várát.
…
… világosítsatok és mutassátok meg

az egymást meg nem értők előtt,
a Szeretet virágos, harmatos útját."

…..

Ez az országszerte és a legkülönbözőbb megnyilvá-
nuló lelkesedés, a letelepedéssel járó számos hivatalos
eljárás, ügyintézés nem vált igazában a pálos szerzetesi
szellem hasznára. Tömegével jelentkeztek felvételre
pap- és segítőtestvér jelöltek, akiknek nagy részét a pá-
losrendet körül lengő misztikum vonzott a rendbe. A
'budai kolostor mozgalmas élete nem volt alkalmas a
jelöltek és a novíciusok nevelésére, melynek alapját az
elmélyülésnek, az aszkézisnek a zajos világból jött if-
jakba való belenevelése képezte. Igy a novitiátust még
1934 őszén letelepítették a már akkorra kibővített pé-
csi kolostorba, melynek csendes környezete ideális
helynek bizonyult e célra.

Az első budai perjel P. Raczyński Kajetán volt, aki
már 1933 őszén a kalocsai érsek vendégeként, hogy
némi jártasságot nyerjen a magyar nyelvben, hazánk-
ban tartózkodott. P. Gyéressy feljegyzései szerint ő
volt az első magyarországi ujoncmester. Ugyancsak a
pécsi rendházba kerültek a klerikus testvérek is, akik
teológiai tanulmányaikat, Virág Ferenc pécsi püspök
szíves engedélyével a Pécsi Püspöki Hittudományi
Főiskolán végezték. Ez a körülmény nagy szerencse
volt a pálos papi utánpótlás szempontjából, mivel
olyan professzorok hatása alá kerültek, mint a világ-
hírű Dr. Sipos István, a világszerte ismert egyházjog-

ász, Dr. Vértesi Frigyes, a bölcselet tanára, aki a szociológiát is tanította egy ideig, de azután ettől a feladattól felmentették, mert egyesek szerint „kommunista szellemivé nevelte" a kispapokat, pedig csak az Újszövetségben meghirdetett, minden embernek minden emberrel szemben kötelező szeretetét, az embereknek egymás iránti felelősségét hirdette; Dr. Hollós az egyháztörténet és morális tudósa; a Rómában végzett Dr. Döry László, akinek dogmatika - tankönyvét Európa szinte valamennyi teológiáján tanították; Dr. Erdei (Grund) Béla a biblikum és a keleti nyelvek tudósa, aki később a budapesti Pázmány Péter Tudományegyetemen (ma ELTE) kapott tanszéket.

(A pécsi noviciátusról és klerikusok életéről bővebben a „Pécs és a pálosok" c. kéziratban.)

P. Pius generális perjel tapasztalt, igen széles látókörű és túlzás nélkül mondhatóan: szent életű, tudós ember volt. Amikor kiválasztotta azokat az atyákat és testvéreket, akiket 1934-ben útba indított Magyarországba, hogy itt letegyék új alapjait a magyar rendtartománynak, mind olyanokat jelölt ki erre a célra, akik magatartásukkal, gondolkodásukkal hű képviselői voltak az ősi pálos szellemnek, Csak egy személyt illetőleg tévedett, s ez a tévedése az egész magyar tartomány fejlődésére katasztrofális hatással volt.

1933-ban volt a rendnek egy Fr. Zembrzuski Mihály nevű fiatal teológusa. Ez a Mihály testvér 1908. december 16.-án egyszerű, sokgyermekes földműves család gyermekeként született. Érvényesülési lehetőséget keresve lépett 1926. augusztus 30.-án a pálos rendbe, ahol nagy alkalmazkodó képességgel igyekezett elöljárói jóindulatát megnyerni. Átlagos szellemi képességeihez nagy mérvű, megfontolt ravaszság, tudatosan felvett szenteskedő magatartás járult. Harmadéves teológus volt, amikor felvetődött a rend Magyarországra való visszatelepítésének lehetősége. A magyar nép lelkesedése, mellyel felkarolta az egyetlen magyar alapítású szerzetesrend visszatelepítésének tervét, érezhető volt a lengyel kolostorokban is. Egymás után érkeztek Czenstochowába magyar papok és diákok levelei, melyekben a rendbe való felvételüket kérték, majd megérkeztek az első magyar novicius jelöltek (Besnyő Gyula, Szabó István József, Kelemen Albert, Sipos Elemér Antal stb.) A lengyel rendtagok nagy szeretettel fogadták a magyarokat. Fr. Mihály is igyekezett jó kapcsolatot kiépíteni velük, s engedélyt kapott, hogy magyarul tanuljon tőlük. Az újjáalakuló magyar rendtartomány nagy lehetőségeket kínált az érvényesülésre és ezt a szemfüles, ügyeskedő Fráter Mihály megérezte, minden igyekezetével azon volt, hogy ő is átkerüljön Magyarországra, ahol összehasonlíthatatlanul több lehetőség kínálkozott arra, hogy érvényesüljön, mint a képzett, idősebb, életükkel és tulajdonságaikkal széles körben tiszteletben álló, nagy számú lengyel rendtársai között. Igy azután, amikor útra készülődött már a Magyarországra települő csoport - arra való hivatkozással, hogy már tűrhetően beszéli a magyar nyelvet - arra kérte a generális perjelt, hogy ő is velük jöhessen. Az egyházjog lehetővé teszi, hogy szükség esetén a teológia hét félévét lehallgatott teológust fel lehet pappá szentelni. Fr. Zembrzuski Mihály is ebben a kedvezményben részesült, a hazatelepülés küszöbén, 1934. március 31.-én hirtelen pappá szentelték.

A hazánkba került lengyel atyákra túl sok, számukra szokatlan feladat hárult. Különböző egyházi és világi hatóságoknál kellett a rend ügyeit intézniük, a rend számos támogatójánál, jótevőjénél illett tisztelgő látogatásokat tenni. Mindez terhes, szokatlan megerőltetést jelentett a visszavonultsághoz, a kolostori csendes nyugalomhoz szokott Raczyński és Izdebski, valamint Szczawarin atyáknak, akik csak nagyon gyengén beszéltek magyarul, s igy a nyelvi nehézségek is feszélyezőleg hatottak rájuk. Ezt használta ki a szemfüles, fiatal Mihály atya. Mikor szóba került egy-egy ügy elintézése vagy látogatás lebonyolítása, készségesen vállalta ezek elintézését, illetve lebonyolítását. Az idősebb atyák örömmel vették vállalásait. Igy Mihály, ha kellett, ha nem kellett mindég talált valami ürügyet, hogy járja a várost és büszkén, bőbeszédűen számolt be elöljáróinak délutánonként az „eredményesen" elvégzett munkáiról. Azután rövidesen maga kezdte a Czenstochowában székelő generális perjelt értesíteni a dolgok állásáról, alázatos szerénységgel jelentve, hogy ezt is, azt is elintézte, ezt is azt is ki járta, úgy, hogy a jámbor hiszékeny generális rövidesen úgy látta, Mihály kezében jól mennek az ügyek, a hazatérésüket amúgy is nagyon váró lengyel atyákra már valóban nincsen Magyarországon szükség, visszarendelte őket lengyelországi kolostoraikba és a magyarországi rendtagok és rendházak feletti teljhatalommal - mint rendfőnöki biztost P. Zembrzuski Mihályt bízta meg.

Ezzel azután korlátlan hatalom birtokába jutva, senkitől sem ellenőrizve, gátlástalanul élte az életét. ő lett, egyben az ujoncmester (novicius-mester), a teológusok magisztere, a rend gazdasági ügyeinek intézője, hol pécsi, hol budai perjel. Állandóan utazott (a MÁV Igazgatóságának jóvoltából az ország összes vonalaira I. osztályú szabadjegyet szerzett.) Soha nem lehetett tudni hol járt, időnkint pedig napokig nem tudták a rendházakban, hogy hol tartózkodik. Előkelő családok tömegével, több arisztokrata családdal épített ki személyes kapcsolatot, (többektől hallottam, hogy hol grófi, hol hercegi család leszármazottjának adta ki magát szerény célzásokkal) E kapcsolatokat első sorban a maga erkölcsi és anyagi javára használta fel. A kolostorokból csak ritkán, kivételes esetekben utcára menő páterek és testvérek, akik a rend szabályainak megfelelően csak „socius" kíséretében hagyhatták el - Mihállyal ellentétben - a kolostort, a szigorú fegyelem és a beléjük nevelt "senkiről sem szabad rosszat feltételezni" elv hatása alatt minderről nem tudtak, az időnkint körükben lévő Mihály atya szemforgató álszenteskedése mindenkit megtévesztett. Lassan azonban kialakult körülötte egy olyan légkör, mely az atyák és a fiatalabb testvérek körében nem csak a gyengébb hivatásúak, de több tehetséges, erős hivatástudattal rendelkező páternek és klerikusnak, segítőtestvérnek a rendből való kiválásához vezetett.

1934 és 1949 között több mint nyolcszázan léptek a rendbe, de a feloszlatáskor kilenc pátere és nem sokkal több frátere volt a rendnek Magyarországon. A pécsi ház perjele, akihez a novíciusok és segítő testvérek tartoztak, az egyes kilépéseket már csak így jelentette a generálisnak: „Ok, Páter Mihály". Ennek ellenére is a lengyel generális teljes bizalmát élvezte.

A gellérthegyi kolostor perjelei

A gellérthegyi kolostor perjelei (házfőnökei) igy követték egymást e tisztességben:

1. P. Raczyński Kajetán
2. P. Izdebski Kelemen

Mindketten lengyelek voltak és viszonylag rövid itt tartózkodás után visszatértek hazájukba. Rendkívül jó szerzetesek voltak, a pálos szellem igazi képviselői, bár bizonyos fokig (vagy éppen ezért?) P. Zembrzuski Mihály befolyása alá kerültek, neki engedve át a rendbe való felvételek intézésétől kezd a perjeli hatáskör nagy részéig. Távozásuk után

3. P. Besnyő Gyula vette át a perjeli tisztséget. P. Besnyő Gyula 1883. december 12.-én született. 1906. június 30.-án szentelték pappá a kalocsai egyházmegyében. Mint világi pap több helyen munkálkodott. Volt, káplán, hitoktató karkáplán és néhány helyen plébános. Mindenütt szerették a jóságos, igazi papi hivatással megáldott, tisztalelkű atyát, akiből szinte sugárzott az Isten és az emberek iránti szeretet. 1932-ben - Zichy Gyula érsek engedélyével - otthagyta egyházmegyéjét, kiutazott Lengyelországba és a pálosrendbe lépve, a lengyel-szlovák határ közelében lévő lesnai kolostorban töltve le novicius évét, 1933 március 22.-én tette le a szerzetesi fogadalmat, és egyike volt az 1934. május 13.-án Magyarországra települt pálosoknak. Született szerzetes-pap volt, akiben a hajdani „szent" pálosok minden jótulajdonsága egyesült.

Elmélyülő, imádságos lélek volt, mellette jó humorérzékű, mindenkire mosolyogva néző. Alázatossága nem felvett póz volt, nem meghunyászkodás, hanem igazi Krisztusi alázat. Nem csak a rendtársai, de a hívek is tiszteletteljes szeretettel tekintettek fel rá, őszintén szerették. Elmélyült áhítattal végzett miséin különös élvezet volt részt venni. Remek hangja, orgánuma az általa celebrált ünnepélyes „nagy-misék" alkalmával ritkán jelentkező felemelő érzést váltott ki a hívekből és a különböző okból jelenlevő hitetlenekből is. Meggyőződésből fakadt mély hitéhez, vallásosságához izzó hazaszeretet párosult. Az engedelmességi fogadalom keretein belül, példaadással küzdőt a Lengyelországból a visszatelepítéskor átvett szlávos szokások ellen (oltárlépcső megcsókolása, az alba átkötésénél használt korda lengyel módra való alkalmazása stb.)

Népszerűsége miatt rengeteg mellőzésben, megaláztatásban volt része az akkor már rendfőnöki-biztosnak kinevezett P. Zembrzuski Mihálytól. Mindezeket példás alázattal, zokszó nélkül tűrte. Némi nyugalmat jelentett számára, hogy 1939-ben Pécsre került perjelnek. A gellérthegyi házban az első „magyarországi nevelésű" atya, P. Mosonyi Alfonz lett a perjel.

4. P. Ács István 1913. január 6.-án született. Mint Esztergom-egyházmegyei kispap lépett 1935. július 25.- én a pálos rendbe, ahol 1936. augusztus 2.-án tett egyszerű fogadalmat. 1939-ben szentelték pappá. Már novicius korában kitűnt aszketikus életmódjával. A böjtöket is olyan mértékben tartotta meg, hogy az elöljáróinak kellett mérsékletre inteni, figyelmeztetve

őt, hogy az önsanyargatás nem mehet az egészség rovására. Szerénysége, alázatossága és ájtatossága miatt mindenki szerette, tisztelte. Sok jó tulajdonsága, szellemi, tudásbeli felkészültsége ellenére P. Zembrzuski igen kedvelte, mivel benne kevésbé látott „riválist", mint az idősebb, tapasztaltabb Gyula, Kálmán és Ágoston atyákban. Felszentelése után igyekezett Alfonz atyát a maga pártjára megnyerni, lekötelezettjévé tenni, és ezt az által vélte elérni, ha őt is belerántja azoknak a rendi szabályokba és szokásokba ütköző cselekményekbe, melyeket ő szinte nap-mint nap elkövetett. Ilyen „szabálysértés" volt pl. a családoknak – rendkívül fontos esetek kivételével - történő meglátogatása, ebédeken, vacsorákon való részvétel. A pálosrend szabályai szerint a rendtagok még szüleiket, testvéreiket sem látogathatják meg soha. Ez alól 1933 óta két esetben volt felmentés: az újmisés a szülőhelyén ill. szülei lakhelyén mutathatta be első miséjét, ilyenkor néhány napot odahaza tölthetett; a másik esetben akkor látogathatta meg a szüleit, ha azok valamelyikének halála napokon belül várható volt. Ha az exitus elhúzódott, az otthontartózkodást a generális perjel maximum 21 napig hosszabbíthatta meg. – P. Zembrzuski Mihály tehát „cinkost" akart nevelni magának az „első magyarországi nevelésű" fiatal atyából. Nem sokkal a primicia után magával vitte egy pécsi előkelő családhoz ebédre. A P. Mihály által várt hatás elmaradt. A példás szerzetesi fegyelmet tartó Alfonz atya engedelmesen részt vett az ebéden, de az ott tapasztaltak olyan nagy lelki megrázkódtatást eredményeztek benne, hogy nem tudta megállni, el ne panaszolja egy klerikus rendtársának: „Összedőlt bennem egy világ, amikor megtudtam, hogy Mihály atya rendszeresen részt vesz ilyen ebédeken és vacsorákon. A világias hangnem és modor, amit ott, tanúsított, egyenesen felháborított! Nagyon kérem Testvérem, imádkozzon maga is érte!" Ezek után örömmel ment Budára, hogy az ottani ház perjeli tisztét átvegye, s így a többnyire Pécsett tartózkodó Mihály atya közvetlen környezetéből kikerüljön. -

A viszonylag kis létszámú budai kolostorban a lehető legjobb szellem uralkodott. Alfonz atya nem csak kiváló lelkivezetője lett a kis kollektívának, de mint a Sziklatemplomot látogató hívek lelkipásztora is hasznosan munkálkodott a lelkek javára.

Perjelsége idején, mikor a hitleristák „barátsági és megnemtámadási" szerződést kötve a Szovjetunióval (melyet azután Hitlerék felrúgtak), megosztoztak Lengyelország területén, rengeteg lengyel menekült lepte el hazánkat.

Bár az egyházjog határozottan előírja a püspököknek, hogy évente mennyi időt tölthetnek egyházmegyéjük területén kívül és egyházmegyéjüket háború, járványok, természeti csapások idején mindaddig nem hagyhatják el, míg annak területén egyetlen hívük is tartózkodik, a Lengyelország váratlan lerohanása okozta zűr-zavarban egy lengyel püspök néhány aulistájával köztük egy kanonokkal, Magyarországra menekült. Budapestre érve a gellérthegyi kolostorban szállásolták el magukat, ahol az üldözötteknek kijáró szeretettel és szívélyességgel fogadták őket. A rend szűkös anyagi helyzete ellenére igyekeztek az előkelő egyházi személyeknek a lehető legjobb ellátást biztositani. Külön főztek számukra és az étkezésekhez finom palackozott borokat hozattak. A püspök úrék a vendégeskedés első napjaiban szerényen, látszólag hálásan fogadták a szíveslátást. Közben akcióba lépett a Magyar-Lengyel Baráti Társaság, melynek élén egy dunántúli, lengyel származású grófnő állt. A püspök úrék anyagi helyzete ezzel lényegesen megjavult, s ennek arányában önbizalmuk, igényeik is megnőttek. Különböző időben jelentek meg az ebéd és a vacsora elfogyasztására, állandóan kritizálták az ételeket, s amikor a palackozott különleges borok helyett folyóbort szolgáltak fel a testvérek számára, hevesen tiltakoztak a tisztelettudó, tekintélytisztelő jámbor perjelnél. P. Alfonz mindezt alázattal tűrte, de amikor a vendégek rádiókat szereztek be és a késő esti órákban is hangos lett a kolostor a profán zenétől és egyéb rádióműsorok zajától, határozottan tiltakozott a kolostori rend és csend ilyeténvaló megbontása ellen, hivatkozva arra, hogy ez nem csak a rend szabályaival ellenkezik, de rossz hatással van a fiatal jelöltekre és fráterekre, akiknek lelki állapotáért ő felelős. Kinevették. Azután egymást érték a botrányok: a kanonok úr bevezetett egy lengyel hölgyet a klauzúrába. Mikor P. Alfonz kijelentette, hogy ez egyházi tilalom súlyos megszegése miatt egyházi fenyítés jár és amig ez alól felmentést nem kap, megtiltja, hogy a Sziklatemplomban misézzen. Kinevették. – Egyik nap felháborodva állított be a lengyel származású grófnő és a kapus-fráter jelenlétében azzal vádolta a kanonok urat, hogy a menekült lengyelek számára összegyűjtött feszületeket, szentképeket, érmecskéket, a részükre nyomatott lengyel nyelvű imakönyveket, melyeket ingyen való szétosztásra gyűjtöttek össze ill. nyomtattak, pénzért árusította a menekült táborokban. –

P. Mosonyi Alfonz hiába fordult P. Zembrzuski Mihály rendfőnöki biztoshoz segítségért, hogy a megbolygatott kolostori rend helyreállítása érdekében legyen segítségére, válaszként még ő kapott kioktatást az alázatról, az egyházi méltóságoknak kijáró tiszteletről stb. Végül is az érseki hivatalhoz, mint felügyeleti szervhez fordult segítségért. Meg is volt a hatása. A püspök urat és aulistáit Rómába rendelték és a Szentszéki Bíróság elé állították. Így szabadult meg a gellérthegyi kolostor az enyhén szólva kellemetlen vendégektől, de a perjel helyzete is tarthatatlanná vált, P. Zembrzuski Mihály nem bírta megbocsájtani, hogy Alfonz nem volt hajlandó szemet hunyni az ő és honfitársainak visszaélései felett. Rá akarta venni, hogy telepedjen át, valamelyik lengyelországi kolostorba, amire persze - nyelvi nehézségek miatt sem - volt Alfonz atya hajlandó. A sok zaklatás miatt idegileg is kimerült, exklaustrációra, kolostoron kívüli életre kért engedélyt és korházba került, ahol P. Mihály minden támogatást megvont tőle. A hívek közül több tisztelője látogatta és támogatta anyagilag is. Felgyógyulása után P. Mihály ismét egy lengyelországi kolostorba akarta áthelyezni, mire a lelkileg teljesen összetört atya Rómához fordult, kérve fogadalmai és szentelése alól felmentését, majd, mint adóügyi tisztviselő vállalt állást Budapest VIII. kerületi elöljáróságon. Lakásproblémájának megoldása céljából római felmentéssel házasságot kötött egy jótevőjének lányát véve el. Egy fiú gyermeke született, házassága azonban - úgy érezte - nem sikerült. A viszonylag nyugodt körülmények között való élet nem nyugtatta meg, papi hivatástudatát nem tudta elfojtani. Rómához folyamodott, hogy bármilyen penitenciát vállal, csak vegyék vissza a papi rendbe. A Vatikántól azt a választ kapta, hogy nevelje fel gyermekét és akkor jelentkezzen. Leírhatatlan gyötrelmes éveket élt át, állandóan gyötörte hivatástudata és a kényszerűség folytán más irányt vett életfolyása, míg végül – még novicius korában a túlhajtott böjtölés következtében szerzett gyomorbaja - ismét kórházi kezelést tett szükségessé. Sok szenvedés után 1964-ben a kórházban meghalt. Volt teológus társa, P. Borsós Ignác, aki szintén P. Mihály miatt lépett ki a pálosrendből, s mint világi pap Mikén plébánoskodott (világi nevén: Borsos Bálint) adta fel számára az utolsó kenetet. P. Alfonz -személyében a pálosrend egy nagyon értékes, mély lelki életet élő tagját veszítette el. A rendből való távozása után a gellérthegyi kolostor perjele

5. P. Galambos Kálmán lett. Kálmán atya 1885. szeptember 5.-én született. 1908-ban, a Pécsi Püspöki Hittudományi Főiskolán végzett tanulmányai befejeztével június 27.-én szentelték pappá. A pécsi egyházmegye területén, mint káplán, egy ideig mint hittanár, majd hosszú időn keresztül, mint plébános működött.

Minden munkakörében és minden működési helyén a legnagyobb tisztelettel és szeretettel övezték a hívek és elöljárói is megbecsülték. Rendkívül széles érdeklődési köre volt. Több aszketikus tárgyú könyve, tanulságos és érdekes újságcikke jelent meg különböző lapokban folyóiratokban. Haza- és magyarságszeretetét bizonyítja a Magyar Nők Szövetségének kiadásában megjelent „Magyar név, magyar ruha, magyar tánc" című alapos felkészültséggel írt munkája, melyben arra biztatta a magyar szülőket, hogy gyermekeiket magyar keresztnevekre (Előd, Csaba, Zsolt, Hajnalka stb.) kereszteltessék, a magyar nők a ruháikat is lehetőleg magyaros motívumokkal lássák el magyaros szabásuk mellett.

A kolostor tetőteraszán.
Balról jobbra: Fr. Guzmits Julián, P. Vezér Ferenc,
P. Bolyós Ákos, P. Csellár Jenő, P. Mosonyi Al-
fonz perjel. Térdel: P. Borsos Ignác és Fr. Tóth
Szaniszló.

P. CSEPELLÉNYI GYÖRGY
pálos r. szerzetes
Vértanú halált halt Mezőkövesden,
1674. V. 24-en,
KÖNYÖRÖGJ ÉRETTÜNK !
(A kép a krakkói pálos kolostor oltárképe.)

Ez volt a berendezése egy pálos cellának.
Jobbra az asztaltól egy ágy, balra a (képen nem lát-
ható) mosdó.

Ezzel kapcsolatos leírásai, tanácsai alapján a hazai népviseletkutatás egyik úttörőjének tekinthető és igy a magyar néprajzkutatás jeles növelői közé tartozik, Gvadányihoz, Csokonaihoz és Berzsenyihez hasonlóan propagálta az ősi magyar néptáncokat. Gönyey Sándor, a nagy magyar néprajzkutató is nagyra értékelte ez irányú munkásságát.

1933-ban kérte a pálosrendbe való felvételét. Nehezen vált meg az egyházmegye e „Jézus Szíve szerinti" papjától, de végül is megkapta Virág Ferenc püspök engedélyét és a pálos generális perjeltől az értesítést, hogy a lengyelországi Lésnában megkezdheti a noviciátust. Közbejött lábtörése miatt azonban elmaradt a lengyelországi kiutazása és csak 1936. március 25.-én léphetett be Pécsett a rendbe. 1937. március 28.-án tette le szerzetesi fogadalmát. A rendbe való belépéskor értékes könyvtárát, gazdag – a pálosokra vonatkozó cikkgyűjteményét - valamint párját ritkító képeslevelezőlap gyűjteményét a pécsi rendháznak adta. Levelezőlap-gyűjteménye több mint száz, hatalmas albumból állt, melyben témakör szerint gyűjtötte már diákkora óta a képeslapokat. Számos album pl. csak Máriát ábrázoló, számos album templomokat- szenteket ábrázoló képekkel volt teli. Külön gyűjteményt alkottak az I. világháborús, a hazai és külföldi városképeket, cégek reklámjait stb. ábrázoló lapok. Országonként csoportosította a városokat ábrázoló képeket, lehetőleg úgy, hogy pl. az egyik oldalon a pécsi Széchenyi tér látható 1909-ben, szemben vele, a másik oldalon ugyan ez a tér-részlet 1932-ben készült képe. Egy alkalommal a Nemzeti Múzeum egyik munkatársa megtekintette e gyűjteményt, melynek értékét szinte páratlannak és felbecsülhetetlen értékűnek mondta. Sajnos, a szerzetesrendek 1950-ben történt feloszlatásakor a gyűjtemény Csáky-szalmája módjára eltűnt, széthányódott.

A szerény, túlzás nélkül szentéletűnek mondható Kálmán atyát rendtársai is rendkívül tisztelték, szerették, csak a rend „hóhéra", a generális perjel teljhatalmú megbízottja, P. Zembrzuski Mihály igyekezett mindenképpen háttérbe szorítani, mint azt mindenkivel szemben megtette, aki tehetségesebb volt nála, vagy közkedvelt volt a rendtagok és a hívek körében. Ez megnyilvánult abban is, hogy különböző kifogásokkal (pl. a rend anyagi helyzetére hivatkozva) nem engedélyezte az általa írt imakönyv és a rendtörténettel kapcsolatos írásainak a kiadását. Kálmán atya mindezt jámborul, „az Isten akaratának" könyvelve el, zokszó nélkül vette tudomásul. Szelíd alázatának, mindenki iránt érzett szeretetének nem volt határa.

Mint budai perjel is szerető atyjuk volt a rendház lakóinak és a Sziklatemplom híveinek. Közben P. Zembrzuski Mihály egyre jobban belekeveredett a hazánkba került lengyel menekültek körében kialakult mozgalmakba és pécsi barátnőjének Pesten vendéglőt nyitott, ahol a pálosok Kremmer hagyatékból kapott soltvadkerti 14 hold szőlőjének borait mérték ki, hát Kálmán atyát visszahelyezte Pécsre és kinevezte önmagát budai perjelnek.

Kálmán atya jobban is érezte magát a csendesebb, kevéssé forgalmas pécsi házban. Nem sokkal a rendtagok 1950-ben történt Vácra való deportálása elött a pécsi klinikára került, ahol a kiállott izgalmak következtében rövidesen meghalt.

6. P. Zembrzuski Mihály, mint a gellérthegyi kolostor sorrendben hatodik perjele, az egyházi hatóságoknak is sok gondot okozott. A prímási hivatalban is egymás után futottak be a hívek feljelentései, melyekben Mihály magatartását bírálták. Felsőbb utasításra nem hagyhatta el a kolostort, de ő ezzel mit sem törődve utazgatott és egyik irányítójává lett a szélsőségesen jobboldali lengyel katonatisztek titkos szervezetének, melytől ígéretet nyert, hogy Lengyelországnak a német és szovjeturalom alól való felszabadulása után ő lesz a megalakuló jobboldali kormány vallás- és közoktatásügyi minisztere. Kettős játékot folytatott: kacérkodott a Szálasi-féle mozgalommal és az angol Intelligence Service (IS) hazánkban működő ügynökeivel is kapcsolatot tartott fenn. Vidéki útjain kölcsönöket vett fel, s ezeket az összegeket a maga és barátnője céljára fordította. P. Besnyő Gyula pedig, hogy a botrányt elkerülje, a hitelezők felszólításaira a rend amúgy is szegény pénztárából volt kénytelen kiegyenlíteni. (lásd. egy bajai ügyvéd felháborodott hangú levele a pécsi ház levéltárában.) Sorozatos botrányai miatt, az egyházi és világi hatóságokhoz érkezett feljelentések hatására leváltották a rendfőnöki-biztosi tisztségéből és e poszton P. Besnyő Gyula lett az utóda. De ez csak formaság volt, bizonyítja ezt az alábbi eset: az egyik

teológus kérte a fogadalma alóli felmentését és az egyik egyházmegyében kívánta befejezni tanulmányait. P. Besnyő Gyula felkereste az illetőt, aki akkoriban kórházban volt és próbálta lebeszélni szándékáról. Mivel ez nem sikerült, kérte a klerikust, hogy értesítse őt, melyik egyházmegyébe kíván elhelyezkedni, s majd ő személyesen beszél az illetékes püspökkel, mert P. Mihály - mint eddig minden hasonló esetben - olyan minősítést küld az egyházmegyének, hogy bizonyára nem veszik fel. „Hát nem Gyula atya a rendfőnöki biztos?" - kérdezte meglepetten a teológus. - Gyula atya lemondóan legyintett: „Mihály intéz ma is mindent, ő bont fel minden levelet, én csak formailag vagyok a magyarországi házak főnöke." Ugyan akkor elmesélte Gyula atya egy teológus esetét, aki szintén Mihály miatt lépett ki a rendből, de papi hivatásához ragaszkodott és az egyik egyházmegyébe kérte felvételét. P. Mihály szép ajánlólevelet adott neki, de utána egy másik levelet írt a püspöknek, melyben az illető teológust a lehető legrosszabb színben tüntette fel. Persze nem sikerült a felvétel. Ez után másik, majd harmadik, majd negyedik egyházmegyébe konkurált, s mindég megismétlődött az első eset: P. Mihály a teológus kezébe szép ajánlólevelet adott, majd írt közvetlenül a püspöknek és e levelében minden rosszat elmondott a teológusról. A hivatásához ragaszkodó, igen tehetséges teológus a kétségbeesés szélén állt, amikor meglátogatta P. Bangha Bélát, a jezsuiták híres szónokát és íróját, aki régen ismerte és becsülte őt. Elpanaszolta, hogy már majdnem minden egyházmegyét végigkilincselt, de eredménytelenül. Bangha megszánta és írt Tóth Tihamérnak, az akkori veszprémi püspöknek, és kérte, hogy vegye fel egyházmegyéjébe e volt pálos teológust. Bangha rövid időn belül meghalt, a teológust felvették a veszprémi szemináriumba. A kánonjogban előírt idő elteltével felszentelték. Az újmisések rendszerint a püspöknél szoktak ebédelni felszentelésük napján. Az ebéd közben Tóth Tihamér elmondta, hogy P. Mihály információi alapján nem merte felvenni a kérelmezőt. A Banghától kapott levél tartalma volt Bangha utolsó kérése az életben a püspökhöz, aki Bangha iránti kegyeletből teljesítette azt, gondolván, ha valóban annyira alkalmatlan és méltatlan az illető a papi pályára, majd elküldi. Azonban a teológus viselkedése bebizonyította, hogy tehetsége mellett kiváló erkölcsi tulajdonságai az átlagnál jóval magasabb szintűek. "Örülök - jelentette ki Tóth Tihamér – hogy hallgattam Bangha kérésére". – Ettől kezdve P. Mihály elveszítette hitelét a püspöki aulákban és minden felvételre jelentkező volt pálost szívesen vettek fel az egyházmegyék.

Mivel P. Mihály működését az egyházi hatóságok kénytelenek voltak a lehető legszűkebb keretek közé szorítani, perjelségéről is le kellett mondjon, s amint formailag „kifelé látszólag" Gyula atya lett a rendfőnöki biztos, a budai perjelséget P. Rába-Rőhri Lukács vette át.

7. P. Rába-Röhri Lukács igy a budai kolostor 7. perjele lett. 1919. május hó 6.-án született. Középiskoláit a székesfehérvári cisztercita gimnáziumban végezte, majd 1937 szeptember 26.-án belépett a pálos rendbe.

68

Novíciusi évének letelte után, 1938. október 19.-én tett egyszerű fogadalmat, majd 1941 -ben örökfogadalmat. 1942-ben, a nyári vakáció alatt a pécsi hadapródiskolában elvégezte a tartalékos tábori lelkészi tanfolyamot, melynek vezetője Szépréthy Ottó tábori főesperes volt. Az 1938-as honvédelmi törvény szerint ugyanis azok a teológiai tanulmányokat folytató férfiak, akik tanulmányaikat megelőzően nem szolgálták le katona-idejüket, katonaköteles korukat elérve, egy hat hetes táborilelkészi tanfolyamon voltak kötelesek részt venni. 1943 -ban Virág Ferenc pécsi megyéspüspök szentelte pappá. Elmélyülő lelki életet folytató, szellemi és testi képességeinek maximális kifejtésével, szelíd alázattal szolgálta rendjét. Pécsett, majd Budán, végül Pálosszentkúton (ma Petőfiszállás) működött. Viszonylag rövid budai perjelsége után került Pálosszentkúra. A rend 1950-ben történt feloszlatása után átmenetileg őt is internálták rendtársaival együtt, majd 1951 elején az Államvédelmi Hatóságok (ÁVO) néhány pálos kivételével a rend tagjait letartóztatták, igy őt is. Ellene azt a vádat emelték, hogy a pálosszentkúti kolostor iratait a rend feloszlatásának kimondása után illegálisan magához vette. 1951. szeptember 7.-én, a nagy port felvert Grősz-perhez csatolt "pálos-ügy" során a Budapesti Bíróság 7 évi börtönre ítélte. Büntetését az Államvédelmi Hatóságok Fő utcai börtönében, a Gyűjtő fogházban (Bp. Kozma u.), a váci börtönben töltötte, majd innen a kb. 600 politikai elítéltet foglalkoztató tatabányai XIV-es aknába került. Jellemző a mentalitására, hogy amikor több társával együtt egy bányaomlás következtében bennrekedt az aknában és az egy napig tartott izgalmas mentő - munka után kiszabadították őket, igy szólt hozzá gúnyos hangon az aknásza: „No tisztelendő úr, gondolom nagyon buzgón imádkozott, hogy élve kikerüljön. - mire Lukács atya ezt válaszolta: „Téved, nem azért imádkoztam, hogy megmeneküljek, hanem azért, hogy magát be ne csukják felületes, hanyag munkájáért!" A Grősz-ügy felülvizsgálata idején (ez az ügy ugyan olyan túlkapása volt a Rákosi-rezsimnek, mint a Rajk-ügy (1955-ben őt is szabadlábra helyezték, majd mivel „megbízhatatlansága" miatt nem tudott elhelyezkedni, 1956-ban disszidált. Azóta Svájcban él, mint az ottani magyarok egyik lelkipásztora.

8. P. Csellár Jenő volt a gellérthegyi kolostor nyolcadik, s egyben utolsó perjele. 1911. július 7.-én született. 1935. július 25.-én lépett a pálosrendbe, ahol 1936. augusztus 2.-án tett egyszerű fogadalmat. A pécsi Hittudományi Főiskolán végzett tanulmányainak befejezése után, 1940 január 28.-án P. Bolyós Ákossal, P. Borsós Ignáccal és P. Vezér Szal. Ferenccel együtt szentelték pappá a pécsi székesegyházban. Csendes, elmélkedő hajlamú, különösen az engedelmesség gyakorlásában példás magatartást tanúsító szerzetes volt, kevés gyakorlati érzékkel, de teljes odaadással szolgálta rendjét. Teológus, majd fiatal pap korában azt suttogták róla, hogy P. Zembrzuski Mihálynak bizalmi embere, „besúgója". Ez a gyanú akkor vált erőssé, amikor 1941-ben, egy olyan alkalommal, amikor P. Mihály napok óta sem a pécsi, sem a másik két kolostorban nem tartózkodott, a páterek elérkezettnek lát-

ták az időt, „körtelefon" útján összeverbuválták a
rend fogadalmas, „szavazóképes" tagjait Budáról és
Szentkútról Pécsre. hogy ott P. Mihályt közakarattal
elmozdítsák minden tisztségéből, s kimondják a ma-
gyar rendtartomány megalakulását (a magyarországi
házak a lengyel tartományhoz tartoztak), melynek első
tartományfőnökévé P. Besnyő Gyulát választják meg.
Alig, hogy megérkeztek a másik két házba tartozók,
váratlanul megjelent P. Mihály. Felelősségre vonta a
„lázadókat", hogy az ő engedélye nélkül Pécsre jöttek
elhagyva kolostorukat és ott puccsot szándékoztak
végrehajtani. Mindenkit visszaparancsolt a kolosto-
rába, majd nagy átcsoportosítást rendelt el, megke-
verve a kolostorok „személyi állományát". Állítólag P.
Csellár Jenő tudta egyedül, hogy hol tartózkodik P.
Mihály és ő értesítette a készülő palotaforradalomról.
Ennek folyományaként az egyik kezdeményező páter
megvált a rendtől és ma is egy dunántúli parókia köz-
tiszteletben álló plébánosa. Páter Csellár Jenőt nem
ítélték el rendtársai (a vétőknek mindég enyhítő körül-
ményeket kereső keresztényi megbocsájtás alapján) -
azzal magyarázták árulását, hogy nem akart véteni az
engedelmességi fogadalma ellen - még a jó cél érdek-
ében sem.

Budai perjelsége előtt egy ideig Pécsett az ujonc-
mesteri tisztet is ellátta. Budára helyezése után a bu-
dapesti Pázmány Péter Tudomány Egyetem Hittudo-
mányi Karán folytatta tanulmányait, hogy az egyház-
jogból doktori címet szerezzen, de ebben a rend fel-
oszlatása megakadályozta. Hogy milyen törvénytisz-

telő, szabályokhoz ragaszkodó ember volt, bizonyítja, hogy a hamis vádak alapján politikai üldözötté vált és illegalitásba kényszerült P. Vezér Ferencet, a legcsekélyebb mértékben sem volt hajlandó segíteni. Ennek ellenére őt is a rend többi tagjával együtt, 1950-ben internálták, majd 1951-ben a „Grősz-ügyben" őt is vád alá helyezték, hét évi börtönre ítélték, de 1955-ben, a személyi kultusz idején hozott, ítéletek felülvizsgálása során szabadlábra helyezték. Nem tudván elhelyezkedni, 1956 zűrzavarában disszidált és a már 1951 óta Amerikában tevékenykedő P. Zembrzuski Mihály szárnyai alatt szerveződött pálos kolostorban nyert otthonra. 1958-ban rejtélyes körülmények között halt meg, egy teher-autó halálra gázolta. Állítólag ismeretlen okból ismeretlen tettesek tették el láb alól.

A gellérthegyi kolostorban működött páterek

A felsorolt perjeleken kívül hosszabb-rövidebb ideig a gellérthegyi kolostorban éltek a Sziklatemplomba járó hívek lelki gondozásán munkálkodva a következő páterek:

P. Szabó István József
P. Gyéressy Ágoston dr.
P. Borsós Ignác
P. Vezér Szal. Ferenc
P. Ács István.
P. Homonnay Miklós
P. Rába -Röhri Lukács
P. Bihar Júdás Tádé
P. Bolváry?

E páterek közül P. Gyéressy Ágoston dr. (világi nevén: Béla) író, költő, zeneszerző, műfordító és jeles művészettörténész érdemel első sorban említést. Eredetileg jezsuita szerzetes volt, 1935. november 3.-án lépett át az általa már diák kora óta szeretett és tisztelt pálos rendbe. Hogy nem mindjárt, mint pálos kezdte a szerzetesi életét, annak az volt az oka, hogy pályaválasztása idején még nem voltak pálosok Magyarországon. Azzal indokolta átlépését, hogy számára mindég minden más rendnél szimpatikusabb volt a pálosok rendje, mivel szabályai szerint a „kifelé való munka" a hívekkel való foglalkozás egyenlő arányban van a kontemplatív, befelé forduló élettel. A pálosoknál a közös imára, az elmélkedésre fordított idővel azonos időt kell eltölteni a lelkek gondozását célzó munkálkodással, a segítőtestvéreknél a fizikai munkával. (Az atyák, a „páterek" is végeznek fizikai munkát a maguk cellájának kötelező napi takarításán kívül is.) 1908. június 24.-én született. 1934. június 29.-én szentelték pappá, 1936. november 4.-én tette le a pálosoknál az örök fogadalmat [18]. Művészettörténetből egyetemi magántanári képesítést szerzett. Több nyelven beszél, jeles műfordítóként különösen Ottó Karer vallás-összehasonlító műveinek magyarra fordításával aratott nagy sikert. (Vallásosság és kereszténység. Szt. István Társulat kiad. Bp. 1942.) Több Mária-ének szövegének és zenéjének szerzője, Boldog Özséb himnuszának megkomponálója. Mint festő és grafikus, neo-szecesszionista stílusban megrajzolta - egyebek között - a Pálos Szentek Pantheonját. Mint művészettörténész, számos tanulmányával tűnt ki. Ő alapította és szerkesztette 1937 és 1945 között a pálosrend időszaki, majd havonta megjelenő lapját, a „Fehér Barát-ot". 1936 és 1948 között különféle tisztségeket viselt a rendben. Volt pécsi- és rendi-ökonómus, a segítő testvérek magisztere stb.

A rend magyarországi feloszlatása után, mint kántor helyezkedett el Budafokon és a Magyar Tudományos Akadémia Művészettörténeti Kutató Csoportjánál, mint tudományos kutató dolgozott. 1951-ben, a „Rákosi-éra" idején ő is börtönbe került rendtársaival. A „Grősz ügy" 3. csoportjában kilenc pálos társával, egy volt pálossal és egy olasz déligyümölcs-kereskedővel 1951. szeptember 7-én a Budapesti Bíróság - zárt tárgyaláson - hét évi börtönre ítélte. Az akkoriban az

74

Államvédelmi Hatóságok birtokában lévő Gyűjtőfog-
házban, mint fordítót alkalmazták. 1955-ben, az ügyek
felülvizsgálata során szabadlábra helyezték. Tovább
folytatta kántori és akadémiai működését. Váratlan
örökséghez jutott, melyen Budafokon egy telket vásá-
rolt. E telken egy kis házikó állt, melyhez egy fülkét és
egy mosdót építtetett. Tíz évi kántorkodás után nyug-
díjba vonult, állását és az ezzel járó, egy szobából álló
szolgálati lakását átadta az eddig Pécsett kántorkodó
rendtársának, P. Bolyós Ákosnak. Ebben az időben
fejezte be életének főművét, melyen negyven eszten-
dőn át dolgozott hazai és külföldi levéltárakban
gyűjtve hozzá az anyagot. E munkáját „Documenta
artis paulinorum" címmel 1976 és 1978 között három
vaskos kötetben adta ki az Akadémia Művészettörté-
neti Kutató Csoportja. (A 4. azaz a külföldi tartomá-
nyokkal foglalkozó kötet előkészületben.) Munkája
iránt páratlan érdeklődés nyilvánult meg, s a nagyrészt
latin nyelven írt munkát néhány hét leforgása alatt fel-
vásárolták. A több oldalról jelentkezett igény ellenére,
új kiadásra nem került sor eddig (1984).

P. Gyéressy Ágoston a rendtársainak és a budai, va-
lamint pécsi híveknek osztatlan szeretetét és tiszteletét
élvezte, ami bebizonyosodott akkor is, amikor már
1980-tól teljesen megvakulva tengette életét. Az 1970-
es évek végén ugyanis zöld-hályog támadt a szemein.
Két műtét sem segített rajta. Hogy milyen széleskörű
köztiszteletben állt, bizonyítja, hogy a budapesti Egye-
temi Templomban 1984. július 1.-én bemutatott
aranymiséjén zsúfolásig megtelt a templom. Sokan

vidékről is felutaztak ez alkalomra. A szentmise után virágcsokrokkal, ajándékokkal halmozták el, könnyes szemmel kérve áldását.

A gellérthegyi kolostorban működött páterek közül a másik kiemelkedő egyéniség P. Vezér Szal. Ferenc volt. 1914. március 23.-án született. Korán árvaságra jutván a Szatmári Irgalmas Nővérek segítségével végezte el iskoláit, majd 1935. október 8.-án belépett a pálosrendbe. 1936. október 11.-én Pécsett tett egyszerű fogadalmat, 1939 -ben örök fogadalmat. 1940. január 28.-án szentelték pappá. Pécsett, Budán, majd Pálosszentkúton nűködött. Igen buzgó, tevékeny és mély lelkiéletet élő pap volt, lendületes, jó szónok. Amikor a németeket kiűző szovjet csapatok Pálosszentkúthoz közeledtek, rendtársai, a különböző rémhírek hatására elmenekültek, csak ő, aki akkor a kolostor alperjele volt és Fr. Könyves Lajos szakács és sekrestyés testvér maradt a kolostorban, ahol a bevonuló szovjet csapatok egy magasabb rangú parancsnoksága szállásolta be magát. A parancsnok és beosztott tisztjei és Ferenc atya között kellemes kapcsolat alakult ki. Tiszteletben tartották a két szerzetest és nem korlátozták őket életmódjukban. Pálosszentkút Kiskunfélegyháza tanyaközpontja volt. Lakói kezdettől fogva nagy szeretettel vették körül a fiatal alperjelt, aki sokat tett érdekükben az emberséges, jóindulatú szovjet parancsnoknak továbbítva kéréseiket, panaszaikat. Mikor egyes, magukról megfelejtkezett, többnyire leittasodott szovjet katonák garázdálkodásairól, erőszakoskodásairól tett panaszt a parancsnoknak, az megbízta,

76

hogy szervezzen egy fegyvertelen, csupán karszalaggal ellátott „nemzetőr" csoportot a tanyák férfi lakósaiból. E csoport feladata volt, hogy azonnal jelentsék, ha valamelyik tanyán szovjet katonák garázdálkodnak. Ilyenkor a parancsnok intézkedésére katonai járőrök megfékezték a magukról megfelejtkezett harcosokat.

<u>A R A N Y M I S É M</u>
EMLÉKÉRE
1934-1984. julius 1.
Dr.Gyéressy Béla P. Ágoston
O.S.Pauli Protoeremitae

78

Gyéressy Ágoston aranymiséjére készült szegényes
emléklap - A maga -tervezte "ex libris-e.”

Az orosz katonaság tovább vonulása után, amikor az új magyar közigazgatási szervek működése elkezdődött és megkezdődött a termelőszövetkezetek (TSZ-ek) szervezése, mint az ország szinte egész területén, igy Pálosszentkúton is a parasztság idegenkedett földjének közösbe adásával szemben. A többnyire más vidékről ide érkezett szervezők P. Ferencnek, mivel igen népszerű volt a lakosság körében, tulajdonították a gazdák e tekintetben megnyilvánuló ellenállását, s ezért koholt, vádakkal, többek között orosz katonák meggyilkolásának vádjával bíróság elé állították, hogy eltegyék az útból. A kiskunfélegyházai Népbíróság felmentette a vádak alól. Jóval később, a Grősz-ügy során ismét őrizetbe vették az akkor már Budán tartózkodó P. Ferencet és új eljárást indítottak ellene, halálra ítélték és 1951-ben kivégezték. Kivégzésének pontos időpontja, eltemetésének helye nem tisztázott, erre csak a Budapesti Bíróság „00-ás", szigorúan bizalmas iratai tudnának választ adni.

P. Borsós Ignác (világi nevén: Bálint) 1925. január 21.-én született. 1935. július 25 -én lépett a pálosrendbe, ahol 1936. augusztus 2.-án tette le első fogadalmát és 1939-ben tett örök fogadalmat. Komoly, rendkívül értelmes egyéniség, aki példás buzgalommal készült szerzetesi hivatásának minél tökéletesebbé formálásán. Fő erényei a szerénység, az alázat és jámborság voltak. 1940. január 28.-án Pécsett P. Bolyós Ákossal, P. Csellár Jenővel és P. Vezér Szal. Ferenccel egy időben szentelték pappá. 1941 végén, megelégelve P. Zembrzuski Mihálynak a híveket és rendtagokat sorozatban megbotránkoztató viselkedését, kérte fogadalmai alól való felmentését és a veszprémi egyházmegyében nyert felvételt, ahol Mikén plébánoskodik.

P. Ács István 1912. május 9.-én született. Veszprém -egyházmegyei papnövendékként lépett a pálosrendbe 1937. augusztus 15.-én. 1938. szeptember 8.-án tette le a szerzetesi fogadalmat és 1941-ben Pécsett szentelték pappá. A budai kolostorban viszonylag nem sok évet töltött. Sokáig volt pálosszentkúton a ház ökonómusa, ezt megelőzően Pécsett hitoktatóskodott. 1951-ben az Államvédelmi Hatóságok őt is letartóztatták és állítólag a vonat halálra gázolta.

P. Homonnay Miklós Sándor 1915. szeptember 28.-án született Gyöngyösön. Érettségi vizsgája után a Csanádi egyházmegyébe kérte felvételét és Szegeden kezdte meg teológiai tanulmányait. Az ottani szemináriumi kiváló spirituálisának, P. Hunyának lelki vezetése mellett olyan mély lelki alapokat kapott, hogy a világi papi élet helyett a szerzetesi életet választotta. Így lépett be 1937. szeptember 26.-án a pálos rendbe, ahol 1938. október 19.-én tett fogadalmat. A rend feloszlatása után ő is a koncepciós perek idején börtönbe került. Fő utca, Markó utca, Gyűjtő fogház, Vác, majd a tatabányai XIV -es akna mellett létesült politikai rabtábor voltak 1951 és 1955 között szenvedéseinek állomásai. Mint bányász is nagyszerűen megállta a helyét. 1955-ben, a felülvizsgálatok során szabadult, de még évek múlva is emlegették sokan a XIV-es akna lőmesterei és aknászai „azt a papot, aki egyedül futott a megrakott csillével ott is, ahol ketten alig tudták a csillét tolni." Szabadulása után Gyöngyösön telepedett meg, szülei szőlőjében gazdálkodott, s közben beteg vagy szabadságra menő papok helyettesítését vállalta. Minden idegszálával a hivatásának élő szerzetes.

P. Bihar Júdás Tádé 1906. április 14.-én született. A Ludovika Akadémia elvégzése után, mint hivatásos folyamőr hadnagy szolgált a hadseregben. Néhány év után szolgálaton kívüli viszonyba került és kérte a felvételét a ferencesek rendjébe. Néhány hónap után visszatért a hadseregbe, majd később - abban a hiszemben, hogy a betegápoláshoz van hivatása - az irgalmasok rendjébe lépett. Ott sem maradt meg sokáig, az IBUSZ-nál lett tisztviselő. 32 éves korában jelentkezett a pálosok budai házában és kérte felvételét a rendbe. A Szentszék engedélyének megérkezte után 1938. október 14.-én megkezdte novicius évét. 1943. júniusában szentelték pappá. A Grősz -ügy kapcsán őt is elitélték, 1955-ben a felülvizsgálatok folyamán szabadlábra került. Különböző helyeken, különböző beosztásban helyezkedett el. Volt sekrestyés, kertész, dolgozott a ferencesek esztergomi kis gazdaságában, de sehol nem tudott gyökeret verni. Ennek részben kissé különc természete is az oka.

A gellérthegyi kolostorban működött fráterek

A két, majd három hazai pálos kolostor lakói között - kivéve a novíciusokat és a klerikusokat - akik Pécsett töltötték újonc és tanulmányi idejüket - meglehetősen nagy volt a fluktuáció. Hosszabb ideig kevesen maradtak ugyan abban a kolostorban, ezt részint a végzendő munka, részint más okok tették szükségessé. Igy a gellérthegyi kolostorban a fráterek közül csak Fr. Krys Máté, Fr. Pasnik Kázmér, Fr. Mitura Márk, Fr. Póczak Leó és Fr. Sowa Ferenc lengyel testvérek voltak azok, akik a másik két kolostorban nem tevékenykedtek, megszakítás nélkül a budai kolostorban dolgoztak. Fr. Krys Máté még az 1930-as évek közepén visszatért Lengyelországba, Fr. Sowa Ferencet még 1935 végén a római házba helyezték.

Fr. Pasnik Kázmér 1914. március 10.-én született, 1934. február 29-én lépett be a rendbe és még ugyan ezen évben került a budai kolostorba, ahol sekrestyés volt.

Fr. Póczak Leó szakács testvér 1900. február 16.-án született. 1933. december 8.-án Lengyelországban lépett a rendbe. A hazánkba települt csoporttal érkezett Budára, ahol 1935. december 15.-én tett fogadalmat.

Fr. Guzmits Julián 1900. október 28.-án született. 1935. augusztus 6. -án lépett be a rendbe, 1937. augusztus 15.-én tett fogadalmat. Mint sekrestyés működött Budán, Pécsett, majd Pálosszentkúton. Igen ügyes, szorgalmas, sokoldalú testvér volt, a rend amolyan „ezermestere", zárakat javított, villanyt szerelt, bámulatos lelkesedéssel munkálkodott a templom szépítésén. Közkedvelt volt a hívek és a rendtagok körében egyaránt. Az 1940-es évek első felében hirtelen támadt, súlyos betegségben hunyt el.

Fr. Könyves Lajos 1910 január 7.-én született. 1936. december 8.-án lépett a rendbe és 1938. december 9.-én tett fogadalmat. Már, mint szerzetes magyarosította a nevét Kukoveczről Könyvesre. Eredeti mestersége cipész volt, e mesterséget űzte a rendben is javítgatva rendtársai cipőit. Mellette kitűnő szakács is volt. Sokáig a pécsi, majd a pálosszentkúti házban látta el a szakács- és portás teendőket. A budai kolostorban csak jelölt korában, majd Szentkútra való kerülését megelőzően volt. Mindég mosolygott, mindenkivel rendkívül jóindulattal viseltetett. A rend feloszlatása után - mint volt szerzetes - nehezen kapott megfelelő munkát. (Egyik lába kissé rövidebb volt, ortopéd cipőt hordott, de ez nem akadályozta gyors mozgásában.) Végül a pannonhalmi bencés kolostorban működő „Papi és szerzetesi Szeretetotthonban" helyezkedett el. Itt is közkedveltségnek örvend, mindenkinek mindenben segítségére volt, míg végül az 1970 -es évek végén megbetegedett, ízületei megmerevedtek. Sokat szenved. Mikor 1973-ban egy a pálosokat nagyon szerető esperes meglátogatta, már szinte tehetetlenül feküdt az ágyában, s mikor látogatója vigasztaló szavakat intézett hozzá, bár arcvonásai szenvedésről, fájdalmakról tanúskodtak, elmosolyodott. és igy szólt: „Atyám hálával kell fogadnunk a jó Isten minden adományát, a szenvedést is, mert ennek felebarátaink és a magunk gyarlóságaiért való felajánlása értelmet ad a szenvedésnek is - és tessék elhinni - ha szenvedéseinket és bajainkat az emberiség javára ajánljuk fel, ezek elviselése is sokkal könnyebb." Ez jellemzi szerzetesi mentalitását.

Fr. Lelkes (Leitold) Paszkál, világi nevén József. 1914. augusztus 28.-án született. 1938. december 8.-án lépett a rendbe és 1940-ben tett fogadalmat. Elmélyülő hajlamú, de lélekben vidám testvér volt. Minden munkát szívesen vállalt, szorgalmával és Mária-tiszteletével tűnt ki. Különböző munkakörökben dolgozott. A rend feloszlatása után, mint gyári-munkás helyezkedett el és az 1980-as évek elején Budapesten meghalt. Emberszeretetét jellemzi, hogy egy szerencsétlen üldözöttnek, akinek sem pénze, sem megfelelő kapcsolatai nem voltak, hogy olyan papírokhoz jusson, melyek felhasználásával megmentse életét, a saját papírjait (keresztlevél stb.) adta oda, nem törődve azzal, hogyha ez kiderül, ő is életveszedelembe kerül.

Fr. Takács Dezső 1908. október 16.-án született. A rendbe való belépése előtt urasági inas volt. 1938. szeptember 8.-án lépett a rendbe, ahol, mint konyhástestvér, majd ruhatáros (aki a rend tagjainak közösben tárolt ruhaneműit kezelte, gondoskodott mosásukról stb.) Kedves modorú, szolgálatkész, szorgalmas testvér volt. 1940 végén tett fogadalmat, s ettől kezdve a pécsi kolostorban működött.

Országczky Béla nem jutott el a fogadalomig, csak jelölt volt jó ideig, de mint érdekes egyéniség, érdemes megemlékezni róla. Emlékezetem szerint Dunabogdányban született. Édesapját korán elveszítette, szűkös körülmények között élő édesanyja nevelte. Nagyon jó eszű, tehetséges, minden iránt érdeklődő gyerek volt, aki nagyon szeretett volna magasabb fokú iskolákat végezni és a papi hivatástudata is erre ösztönözte. Anyagi körülményeik miatt azonban csak a polgári iskolának a négy osztályát járhatta ki és bádogos - szerelő tanonc lett. Vácott volt inas, ott szerzett segédlevelet. Gyóntatója közbenjárására felvették szobainasnak a váci püspöki szemináriumba. Igy lakása, kosztja, ruházata biztosítva volt, sőt fizetéséből édesanyját is segíthette. A váci piaristák gimnáziumában magántanuló lett. Letéve a polgári iskola négy osztálya és a gimnázium alsó négy osztálya közötti különbözeti vizsgát, nappal dolgozva, éjszaka tanulva, egy év alatt kitűnő eredménnyel végezte el a gimnázium V. és VI. osztályát. Olyan jól tanult, hogy a piarista atyák - annak ellenére, hogy magántanuló volt, s magántanulók általában abban az időben dupla tandíjat kellett fizessenek - elengedték a tandíját is. A sok éjszakai tanulás következtében az amúgy is gyenge látása annyira megromlott, hogy az orvosok tanácsára le kellett mondjon a további tanulásról. „Ha még egy évig folytatja a lámpafény melletti tanulást, meg fog teljesen vakulni" - mondták az orvosok. Nagyon elkeseredett, hogy nem lehet belőle pap, hát belépett a pálos rendbe segítő testvérnek. Kezdetben a budai kolostorban volt jelölt. Ebben az időben (az 1930-as évek végén és a 40-es évek elején) a budai kolostorban lakott egy Pfeifer nevű pap, aki a KALOT-nak (Katolikus Legények Országos Társulata) volt a vezetője. Tőle szerzett tudomást Országczky Béla, hogy egy pesti szemorvos a szemgolyókra helyezett kontaktlencsék alkalmazásával kísérletezik. A perjel engedélyével fel is vette a kapcsolatot az orvossal, aki megsajnálta, s ingyen vállalkozott a kezelésre ill. a kontaktlencse elkészítésére. Zembrzuski Mihály, az akkori rendfőnöki biztos azonban nem adott neki engedélyt, hogy a kezelésre kijárjon és azonnal áthelyezte Pécsre. Félt, hogy a szeme alkalmassá válik arra, hogy a tanulmányait folytathassa és kérni fogja, hogy klerikusnak vegyék át. A kétségbeesett fiú még jó sokáig megmaradt a rendben, de 1941 végén ki lépett, mert Pfeifer tisztelendő állást szerzett számára és megtette a KALOT egyik vezetőjévé. Kilépését azzal indokolta, hogy Mihály atyában nagyon csalódott, s ha már pap nem lehet a Legényegyletben kíván Jézus egyházáért a lelkek üdvére munkálkodni. Munkálkodása során megismerkedett a KLOSZ (Katolikus Lányok Országos Szövetsége) vezetőségében tevékenykedő leánnyal, akit feleségül vett. Amikor 1945 után feloszlatták az összes vallásos egyesületeket, Országczky Béla továbbra is igyekezett összetartani a katolikus ifjakat. Ez tudomására került az államvédelmi hatóságnak, s megfigyelés alá vették, de erről idejében tudomást szerzett, s hogy elkerülje a letartóztatását, családostul átszökött Jugoszláviába, s onnan Ausztráliába vándorolt ki. Sydneyben telepedtek le, ahol egy angol bőrdíszműves cég vezérképviselője lett. Mint lelkes szervező, az ausztráliai magyarok egyesületének lett a titkára. Az 1950-ben róla érkezett utolsó hír szerint gondtalan jómódban él és az ausztráliai katolikusok körében is tevékenykedik.

A pálosrend magyarországi konfráterei

Régi szokás a pálosoknál, hogy a rendet támogató, a rend érdekében valami módon tevékenykedő jótevőket konfráterré választják. A konfráterek mindama lelki kiváltságokban részesülnek, melyekben a rend tagjai és haláluk esetén pálos habitusban temethetők el a rendtagoknak járó rítus kíséretében.

1934 után a következők lettek a rend konfráterei:

Gr. Zichy Gyula Kalocsa-bácsi érsek, Kalocsa.

Dr. Mosonyi Dénes nagyprépost, Kalocsa.

Dr. Pfeiffer Gyula miniszteri tanácsos, Budapest

Hollósy András MÁV főintéző, Pécs

Conrad Ottó bankigazgató, Pécs.

Vedres Béla apátplébános, Kiskunfélegyháza.

Dr. Molnár István kanonok, Veszprém.

Dr. Szabó László történész, tanár, Budapest.

Dr. Vigh Gyula könyvelő és idegenvezető, Budapest.

Dr. Lékai László bíboros, Esztergom.

Vargha Géza, Budapest.

Zolnay László régész, Budapest.

A pálosok pasztorális tevékenysége

A pálosok Sziklatemploma a budapesti Kelenföldi Plébánia körzetébe tartozott, természetesen attól függetlenül, de nem plébániaként, hanem inkább, mint búcsújáróhely. Egyike volt Budapest leglátogatottabb templomainak. Hétköznapokon 2-300 hivő áldozott a szentmisék keretein belül, vasár és ünnepnapokon ennek többszöröse.

A pálosoknak a hívek lelki gondozásához való jogának első elismerései már a XIV. század közepén kelt pápai bullákban megtalálhatók. [19]

A templom minden nap a rendtagok reggel hat órakor kezdődő elmélkedését követően nyílt meg a látogatók számára. A kolostor házi kápolnáját a templom belső helyiségétől - mint már szó volt róla - csak egy díszes vasrács választotta el. Az elmélkedést követően itt végezték az atyák a minden pap számára naponta kötelező breviárium „Prima" és „Tercia" részének kórusban történő elmondását, melyet, igy a hívek is láthattak és hallhattak. [20]

A breviárium (zsolozsma) két - előbb említett - részének elmondása után következett a "konvent-mise" bemutatása. Ennek a pálos liturgiában nagy fontossága van, mindég a "hetes" (hebdomadarius) mondta. A constitutió szigorúan előírja, hogy a mise szövegének szavait pontosan, tisztán érthetően kell kimondani, hogy a jelenlévők jól hallják, magukban követhessék. [21] A magyarországi kolostorokban a ház összes lakói kötelesek voltak a konventmisén részt venni. A világi hívek is sokszor és szép számmal – a templomot a házi kápolnától elválasztó rács mögül - részt vettek e misén.

A konventmisét az egyház szándékára mondták, volt azonban benne mindig a kolostorért, ennek lakóiért is egy oráció. Az 1643-ban megreformált konstitúciók kimondták, hogy ott, ahol legalább hét rendtag van, vagyis a kisebb konventekben évente 16 ünnepen, a nagyobb konventekben többször kell énekes konventmisét mondani. [22]

A konventmise után a hívek számára a Sziklatemplom több oltáránál mondtak misét. [23]

A rend Mária tiszteletéből adódott, hogy minden este a hívek számára rózsafüzér-ájtatosságot és litániát tartottak, vasárnap és ünnepnap prédikációval.

A „Magyarok Nagyasszonyát" a pálosok ősi magyar szokás szerint „Boldog asszonynak", majd néhány évszázad óta – valószínűleg a ferencrendiek hatására, mivel a „Hétörömű Boldogasszony" elnevezés némi eltéréssel a ferences misekönyvekben is előfordul – „Hétörömű Boldogasszonynak" is nevezték. Ezért gyakran hangzott fel pálos templomokban az alábbi Mária ének:

Angyal jelzi küldetésben:
te szülöd majd szüzességben
üdvösségünk szent kegyét.
Kérded, hogyan lehetséges
s Igen szódra ím, tetté lesz,
dicső király földre lép.

Aztán neked gratulálnak:
napot adsz te a világnak
holdfényt tenger csillaga.
Szülésben nem kevesbedtél:
Gyerekszülő Szűzanya

A harmadik boldogságod:
Csillag támad, látva látod,
mely Fiadhoz elvezet.
Bölcsek jönnek és imádják,
ajándékkal elhalmozzák,
hozva drága kincseket.

Negyedik szent vigasság ér:
halott Krisztus sírból felkél
a harmadik hajnalon.
Erős hitben remény támad
látván futtát a halálnak,
kegyelem jő gazdagon.

Új örömöd ötödszörre,
midőn látod szállni mennybe
dicsőségben Fiadat.
Nyíltan akkor tudtul adja,
kinek voltál édesanyja,
e kinek lánya vagy magad.

Új vígságod jelentette,
ki e mennyből hozzánk jött le
tűznyelveket osztva szét.
Ő tisztítja, őrzi, védi,
kegyelmével megtetézi
az apostolok szívét.

A hetedik boldogságod:
midőn Krisztust újra látod
Ki egekbe felvitet.
Angyaloknál nagyobb fénnyel,
felmagasztal dicsőséggel,
ragyog rád a tisztelet. [24]

Nagy Lajos királyunk 1380 -ban a pálosok Mária-nosztrai kolostorából indult el a Velence elleni harmadik hadjáratára, hogy a hatalma tetőpontján álló gazdag városállamot végképpen térdre kényszerítse. Akkor tett ígéretet a szent életű Lukács perjelnek - aki győzelmét előre megjósolta - hogy ha szerencsével végzi be a háborút, elhozza az 1240 óta a velencei Szent Julián templomban őrzőt ereklyét: Remete Szent Pál testét. [25]

Hadjáratát fényes siker koronázta. Az 1381 nyarán Turinban létrejött békeszerződés egyik pontja volt Remete Szent Pál holttestének kiadása. Az ereklyét Buda-Szentlőrincre hozták, ennek révén a pálosok ottani híres kolostora sűrűn látogatott nemzeti búcsújáróhellyé lett. Fuhrmann pálos történetíró szerint a Remete Szent Pál közbenjárására létrejött csodák közül

94

a legtöbb gyermekekkel kapcsolatban történt, ezért a gyermekek védőszentjeként is kezdték tisztelni, s a nagyobb pálos kolostorokban megalapították a „kis pálosok" intézményét, melyben 6 -14 éves korú fiúkat vettek fel, s ezek pálos reverendába öltözve ministráltak, s emelték az ünnepi szertartások, körmenetek fényét.

1938. január 10.-én, Remete Szent Pál ünnepén, P. Gyéressy Ágoston kezdeményezésére, a Sziklatemplomban is felújították a gyermekek pálos ruhába való öltöztetésének ősi szokását. Ezek a „kis pálosok" igy ministráltak a rend feloszlatásáig (1950) illetve a Sziklatemplom 1951. március 26.-án történt bezárásáig. Igy vonultak fel 1938-ban az Eucharisztikus körmeneten is, nagy tetszést aratva a nagyközönség körében.

Mint a pálosok példaképének és a rend védszentjének, Remete Szent Pálnak, tisztelete kidomborodott abban is, hogy külön vigíliával és nyolcaddal ünnepelték meg január 10.-ét, a szent emléknapját. E nagy tiszteletnek a rend liturgiájában is nyoma van, a szentmise orációja is eltér az egyház aznapi könyörgésétől

„Isten, Te kegyes voltál a világ pompáját megvető Szent Pál Atyánkat a remeteségbe vonzani, hogy ott egész életét szent neved kontemplációjában töltse, az ő közbenjárásának érdemeiért add meg, kérünk, nekünk, hogy a földi javakat megvethessük és az égieket keressük."

Remete Szent Pál ünnepén és annak vigíliája alatt a pálos konventekben egy „Deciana terret..." kezdetű „historia ritmica-t" is énekeltek a pálosok, melynek eredete nem tisztázott (Dr. Török József: A magyar pálosrend liturgiájának forrásai, kialakulása és főbb sajátosságai. Doktori ért. Bp., 1977.) és az eleje Puszta Sándor fordításában igy hangzik:

„A kegyetlen Déciusnak zsarnoksága üldözött,
Mert a hitemet szerettem, Istent, mindenek fölött.
Itt a zsarnok üldözése utánam már nem kutat,
Rejt az erdő titkos mélye és szolgálom az Urat."

„Búcsút mondott igy tehát Pál, nem tartotta a család,
Megvetette a világnak vak szerencsecsillagát,
Visszatartani nem tudta nővére síró szava,
Mert sietett és várta már magány s erdők barlangja."
....

„De a puszták remetéje győztesen az égre néz,
Nem tarthatja vissza a könny, világpompa, kérlelés,
Fürge lépttel siet immár, lakást az erdőn keres,
Nem tudná öt visszahívni hiú világ mely üres."
...

Remete Szent Pál napján a pálos liturgia szerint nem csak a mise orációja, de a prefációja is eltér az egyház általános liturgiájától.

A pálosok pasztorációs munkáját szolgálta az 1938 decemberében alapított „Fehér Barát" c. előbb évnegyedes, majd 1941-töl havi folyóirata is, melyet P. Gyéressy Ágoston szerkesztett és amely 1944 decemberében szűnt meg. Kimondottan vallási jellegű folyóirat volt, mely a rend hajdani és időszerű eseményei mellett a katolikus irodalom termékeiről igyekezett tájékoztatni olvasóinak nagyszámú táborát.

A Sziklatemplomban működött atyák - meghívásra számos más helyen is tartottak lelkigyakorlatokat, missziókat, úgy, hogy a rend népszerűsége szinte napról-napra nőtt. Tormay Cécile, aki a mátrai tüdőszanatóriumban ismerkedett meg Fr. Sipos Antallal, a rend korán elhunyt klerikusával, róla mintázta meg a „Fehér Barát" c. regényének egyik alakját; Gulácsy Irén örök emléket állított Remete Szent Pál magyar rendjének Nagy Lajosról írt hatalmas regényében. Kodolányi János is szeretettel emlékezett meg tanulmányaiban az egyetlen magyar alapítású szerzetesrendről. (Esti beszélgetések. Magyar Szemle.)

Virág Benedek hamvainak exhumálása

A gellérthegyi pálosok buzgón ápolták nemzeti szempontból is kiváló elődeik emlékét, A vízivárosi temetőben nyugvó Verseghy Ferenc hamvait a szolnokiak még 1931-ben hazaszállították szülővárosába. Piszkei vörösmárványból készült eredeti sirkövének, melyet a Budai Polgári Lövészegylet 1904-ben állíttatott, nem tudni mi lett a sorsa. Virág Benedek sírja még 1938-ban az eredeti helyén állt. A pálosok elhatározták, hogy a felszámolásra kerülő temetőből hajdani rendtársuk hamvait átszállíttatják a Sziklatemplomba. Az átszállítás körülményeiről Móra Gábor muzeológus igy emlékezik meg a Magyar Nemzet 1980. május 1-ei számában:

„… Virág Benedek sírja is hasonló volt (Verseghyéhez), 108 évig állt a helyén. Az 1830-as évektől máig gyakran látható görög kereszttel koronázott sztélé, szintúgy, mint Verseghyé, piszkei vörös mészkőből, de a mészkő keret egy lapos tetőforma lappal volt lefedve és három oldalról szép araszos kovácsolt vasráccsal kerítve.

Míg a Vizivárosi temető II. József rendeletéből született, a Tabáni már a XVIII. szd. elején keletkezett. Míg Verseghynek a temető északi szélében jutott sirhely, addig Virág Benedek sírja - szinte külön - a temető közepén volt, megjelölve a sir négy sarkán egy-egy - a temető felszámolása ide jén - 50-60 éves vadgesztenyefával…

Igy állt e sir változatlanul, érintetlenül 1938 októberének elejéig.

Akkor már tudtam, hogy a Gellérthegy barlangjából kialakított Sziklakápolna gondozói, a kevéssel korábban hazatelepült pálosok a lassan-lassan parlaggá váló temetőből magukhoz akarják váltani a hajdani szerzetestársuk hamvait.

Október 7.-én telefonált - baráti alapon - a főváros részéről az exhumálás ügyintézője (ősi tabáni-vízivárosi budai család tagja), hogy másnap reggel 8 órakor exhumálják Virág Benedek hamvait.

Hadd mondjak el olyat, aminek ma már minden bizonnyal egyetlen élő tanúja vagyok.

Dolgaim úgy intéztem, hogy másnap reggel ott lehessek a puszta, kihalt temetőben.

Amikor leszálltam a Csörsz utca sarkán a 61 -es villamosról, már messziről láttam a kis csoportot. A temetkezési intézet emberein, a kerületi tisztiorvoson kívül a négy vadgesztenyefa tövében, a kis fekete földhalom mellett (mert a lebontott, síremléket már elszállították) ott várakozott a szelíd törékeny, ősz tabáni plébános Angyal Kálmán, a budai pálosok képviseletében e hatalmas termetű , vállas Besnyő Gyula perjel, a pálosrend egyetemessége nevében a szikár Zembrzuski Mihály czenstochowai rend generális helyettese és akiket a tisztelet-szeretet vonzott ide: egy hajlott hátú egri pap irodalomtörténész (talán Badinyinek hívták), aki – úgy emlékszem - réges-régen Czenstochowában pálos szerzetesnek készült, és csekély magam.

A fekete egyenruhás fősíráşó megnézte a hatalmas zsebóráját. Pontban 8 órakor intett, hogy kezdjenek hozzá a munkához. A Csörsz utcában várakozó fekete furgonból előkerült egy apró ezüstös koporsó, azt letették a sir közelében és hozzákezdtek a sir kihantolásához. Lassan lemélyült a gödör, emelkedtek körülötte az ásó- lapát kihányta hantok. Közben a fejsze is dolgozott. Vágta a fák terjeszkedő gyökereit. Azután lassult a munka a gödör mélyén.

Már hogy-mint adogatták fel a csontokat, nem emlékezem, de egyét míg élek, nem feledek: felemelik azt a boltozatos hatalmas koponyát! És a gesztenyefák hajszál gyökerei úgy nőték-szőtték át meg át, mintha hervadt virágkoszorú maradványai öveznék Virág Benedek koponyáját. „Amit az emberek nem adtak meg neki, megadta azt a természet" - suttogta valaki meghatottan.

A koporsót innen a tabáni templomba vitték át és ott ravatalozták fel újból, ahonnan csaknem 109 esztendővel azelőtt Virág Benedek koporsója vélt utolsó útjára elindult, utolsó otthona szomszédságából.

Este, alkonyattájt volt a temetés, a transzláció, az átvitel a Sziklakápolnába.

Késve érkeztem, a templom körül a tabáni alkonyatban feketéllett a tömeg.

Honnan? Hogyan? A Lapok nem közölték, a rádió nem adott hírt róla. A néhány esztendeje lebontott Tabán szétszóródott lakói közül talán, aki élt, mindenki ott volt.

A templomba - mely zengett az énekszótól - nem tudtam bejutni.

Végre elindult a menet. Elől cserkészek, utána a postások zenekara (és végig, a Döbrentei téren, a Gellért rakparton, míg a Sziklatemplomhoz nem értek, felváltva játszották Beethoven és Chopin Gyászindulóját), majd karinges papok, a pálosok égő gyertyával a kezükben. A koporsót négy pálos szerzetes vitte a vállán. Utánuk lépdeltek - mind a család - a pálosok elöljárói, majd az Akadémia, a Kisfaludi Társaság, a Petőfi Társaság, a főváros, meg egyéb egyházi és világi társaságok, társulatok képviselői.

A Sziklatemplom bejáratától balra, a sziklafal tövében vágták a sziklába a kis koporsó helyét. Ott a nyitott sir felett folytak az emlékbeszédek. Hogy kik beszéltek? Több mint negyven esztendő távlatából két szónokra emlékszem: a Petőfi Társaság nevében Havas István, a költő-műfordító szól, a Pázmány Egyesület nevében Sziklai János bácsi, a tudós költő-műfordító, a vidám kék szemű agg polihisztor beszélt. (Őrá is csak azért emlékszem, mert több mint 80 esztendejével, néhány szál virággal a kezében, mellettem szorongott a Sziklatemplom rácsának préselve.)

Néhány nap múlva már teljes épségben a sir felett állott a tabáni temető siremléke. Még a szépen felújított rács is ott ragyogott frissen lakkozva.

Igy vészelte át a háború viharait Virág Benedek sírja, s ezért nem tudhatnak semmit „róla sem a Farkasréti, sem a Kerepesi temető nyilvántartásában" felderíteni.

Mikor megszüntették a Sziklatemplomot, elbontották a hatalmas kovácsoltvas rácsfalat, még sokáig ott árválkodott a sziklafal mellett a sir. Lassan a barlangot, a sirt ellepte a szemét, a hulladék. Egyszer arra jártamban felkapaszkodtam a barlanghoz. A sírkőnek, a rácsnak nyoma sem volt. A falon ákombákom betűkkel krétaírás: „Híres magyar sírja." Azután esztendőkig semmi változás, legfeljebb a barlang elhagyatottsága nőtt.

Később a barlangot, a VITUKI vette át kutatási célokra és a barlang nyílását befalazták. Virág Benedek sírja feleslegessé vált, sőt útban volt.

A sir ügyét az I. kerületi Hazafias Népfront Bizottsága vette a kezébe. Csikai Miklós titkár, Jankovics Ferenc, Devecseri Gábor meg magam. Azt szerettük volna elérni, hogy e hamvakat az akkor restaurált tabáni templomba, vagy legalább a külső falában, esetleg a közelben a parkban temessék el. Ez a javaslat valahol intézetlenül feküdt, talán fekszik máig. Közben az érzéketlen hivatal érzelem nélkül intézkedett. Ugyanaz a barátom, aki valaha az exhumálás idejét közölte velem, most azt telefonálta, hogy Virág Benedek hamvait a Kerepesi temető Művész-parcellájában helyezték el.

Tehát Virág Benedek siremléke sohasem került át a Tabáni temetőből a Németvölgyi temetőbe, de ugyanezen oknál fogva 1930-ban Szegedre sem. (Ami pedig Ferenczy Istvánt illeti: az újonnan felépült Nemzeti Múzeum kertjébe szánt Kisfaludy Károly szobra viszont sohasem állt Virág Benedek sírján és köztéri szoborrá is csak 1930-ban lett.) Ami pedig a Kerepesi temető új síremlékét illeti: tagadhatatlanul szívesebben látnám a helyében magam is az elkallódott régit, ámbátor „a jellegtelen modern siremléket". illetve az azon látható Virág Benedek arcmását Kőfalvi Gyula szobrászművész alkotta a Fővárosi Tanács megbízásából az akkori Fővárosi Emlékmű Felügyelőség gondozásában.

Néhány szót még a Németvölgyi temetőről. Amikor az 1930-as években a Tabáni és a Vizivárosi temetőt megszüntették, a Főváros ezt a kis felhagyott temetőt tette meg Budai Panteonná. Ide hozták át az említett temetők jeles halottjainak a hamvait, siremlékeit szép parkosított elrendezésben. Várostörténeti vagy művészi jelentőségű – értékű - időközben gazdátlanná lett sirköveket meg a temető déli falánál helyezték el..." [26]

Jegyzetek

Kiegészítés

Az „Esti Hírlap" 1985. január 28.-ai számban Kő-
míves Katalinnak „Sziklabarlang befalazása" címmel
egy riportja jelent meg, mely szerint a Városszépítő
Egyesület legutóbbi közgyűlésén felmerült az a javas-
lat, hogy vizsgálják meg a gellérthegyi sziklakápolna
újbóli megnyitásának lehetőségeit.

A sziklakápolna bezárása után, 1951-től a VITUKI
hévízforrás észlelő állomása és raktára működött a
barlangban, mely 1984-ben a Fővárosi Fürdőigazga-
tóság „kezelésébe került - mostani állapotában csak
nyűgöt jelentve."

[1] A Hautes-Pyrénées départementben, a Pireneusok
és a síkság találkozásánál fekvő Lourdes sziklabarlang-
jában 1858. február 11-én Szűz Mária megjelent egy
14 éves leánynak, majd 15.-én egy forrást fakasztott a
barlangban, melynek vizét palackozva széthordják a
világ minden részébe. A leányka látomása helyén
szobrot, majd 1876-ban templomot építettek, mely-
nek IX. Pius pápa bazilika címet és előjogokat adomá-
nyozott

[2] A dolomit alapot oligocénkori breccsával, márgá-
val és agyaggal borított, 224 m. magas Gellért-hegy
eredeti neve „Kelenhegy", majd „Pesti Öreg-hegy"
volt. Jelenlegi nevét, Szent Gellért püspökről kapta,
akit 1046, szeptember 24.-én innen taszítottak a

kereszténységgel szembekerülő, szembehelyezkedő pogány magyarok a Dunába. Tetején a török időkig a vértanú emlékére épült kis kápolna állt. Az Erzsébet híd megépítése és az 1901-ben létesített diszlépcső elkészülte után, 1902-ben, a híddal szemben állitották fel Szent Gellért szobrát. Nagy Ignác írja az 1844-ben megjelent „Magyar titok" c. regényében, hogy a Gellérthegy barlangjaiban évszázadok óta laktak szegény sorsú emberek. - Zolnay László 1977-ben megjelent "Kincses Magyarország" c. munkájának 184. lapján azt írja, hogy 1860-ban a gellérthegyi sziklabarlangban (melyet az 1920-as évek közepén a Sziklatemplom Bizottság" kápolnává kezdett kialakítani) egy kötélverő mester lakott a családjával. - Hazánkban az első eddig ismert barlangkolostor a zebegényi határhoz tartozó Szentmihályhegyen volt. Kievből telepi tett bazilita remeték lakták már a XI. században. Zebegényt az Árpád-korban Almásnak hívták. (Csemegi József művészettörténész „A tihanyi barlanglakások" c. tanulmánya. Akadémia Értesítője, 1946-48. évf. 393-407. lap.)

[3] Zadravecz István (szül. Csáktornya, 1884.) ferencrendi gvardián (házfőnök) volt Szegeden, majd 1920-ban tábori püspök lett. Lemondva e rangjáról, szerzetesi egyszerűségben élte le élete utolsó évtizedeit. Dr. József Ferenc főherceg, m. kir. herceg, József Ágost főherceg és Auguszta főhercegnő fia (szül. 1895 március 28.) Egyetemi tanulmányait Budapesten végezte. 1921-ben avatták államtudományi doktorrá. Állandóan Budapesten tartózkodott és 1924-ben nőül vette Anna kir. hercegnőt, Frigyes Ágost szász király

leányát. Élénk részt vett a főváros társadalmi, jótékonysági és ifjúsági mozgalmaiban.

[4] A „bányakapitányi" tisztség ebben az időben nagy felkészültséget kívánt. Betöltője nem csak kiváló képesítésű bányamérnök, de jó jogász is kellett, hogy legyen.

[5] Pfeifer Gyula: Nagyasszonyunk szentgellérthegyi sziklatemplomának története. Bp., Pallas Rt. Nyomdája, 1931. 10. old.

[6] Pfeifer Gyula i.m. 18. old.

[7] A Városliget szélén állt és 1945 után lerombolt Regnum Marianum templomról elnevezett egyházközség cserkészcsapatának zenekara.

[8] Írta: székelykeresztúri Molnár Sándor. Nihil obs. 1071

[9] Gróf Zichy Gyula 1871-ben Nagylángon (Fejér m. székesfehérvári járás) született. Mint felszentel pap Rómában folytatta tanulmányait és 1901-ben a pápai udvarban szolgálattevő kamarás lett. XIII. Leó pápa egyik kegyeltje volt. A Rómában megforduló magyaroknak sok szolgálatot tett. 1905-ben nevezték ki pécsi püspöknek, ahol még egy gimnáziumot és egy nevelőintézetet alapított, majd minden befolyását és anyagi erejét a pálosok Magyarországra való visszatelepítése érdekében igyekezett felhasználni még 1925-ben történt kalocsai érsekké való kinevezése után is. Ez ügyben állandó kapcsolatot tartott fenn a Czenstochowában székelő pálos rendfőnökkel. A Mecsek

oldalában, a Mátyás Flórián utca és a Magaslati út kereszteződésénél egy két holdas telket vásárolt, melynek egyik fele szőlővel volt beültetve, a másik rész aljában egy emeletes ház állott, melyet tulajdonosa, Kompos Gyula alezredes a pécsi székesegyház renoválásán dolgozó olasz építőmunkásokkal építtetett a Róma környéki nyaralók mintájára.

[10] Pfeifer Gyula i.m. 28. lap.

[11] Acta Prov. Polon. tom. V. pag. 522. és Gyenis András: A pálosrend múltjából. 74. lap.

[14] Constitutiones Sancti. Pauli primi eremitae Cracoviae, 1930. - Jóváhagyta XI. Pius pápa.

[15] Idézve Kisbán Emil: magyar pálosrend története. Bp. 1940. II. köt. 432. lap.

[16] A klauzúra a kolostoroknak, rendházaknak az a külvilágtól elzárt része, melybe a rendhez nem tartozó egyének csak külön engedéllyel léphetnek be. A férfi szerzetesrendek klauzúrájába nők, a női szerzetesrendek klauzúrájába férfiak. (még ha egyházi személyek is) semmiféle engedéllyel be nem engedhetők. Megszegőit a legszigorúbb egyházi fenyítéssel - exkommunikációval, kiközösítéssel - bünteti a katolikus egyház (Itt jegyzendő meg, hogy az exkommunikációt az egyházi ügyekben járatlanok „kiátkozással" azonosítják. A kiátkozás csak az ótestamentumban volt szokás. Az újtestamentumon alapuló kereszténység, melynek alapdogmája a szeretet, az átkozódást, igy a „kiátkozást" is súlyos bűnnek tekinti, elitéli, nem alkalmazza.

[17] Szily Sz. Károly ódájának teljes címe: „Emléklap a magyar eredetű remete Szent Pálról nevezett ősi pálosoknak magyar honba visszatelepítése örömünnepére és kolostorfelszentelési ünnepségére. (1934. május 12-21.) Szerző kiadása. Nyomatott: Korda Rt. nyomdájában. – E kiadvány nagy példányszáma ellenére, szinte napok alatt elfogyott, s a szerző a teljes jövedelmét a Sziklatemplom javára ajánlotta fel. Ugyancsak e szerző tollából jelent meg a ma már nehezen hozzáférhető „Nagyasszonyunk Sziklatemploma képes Emlékalbuma" c. kiadvány is.

[18] Az örök fogadalom az egész életre szól, felmentést alóla csak a Szentszék adhat indokolt esetben. „Ünnepélyes fogadalomnak" is mondják. Az „egyszerű" - három évre szóló - fogadalommal a szerzetesek, éppen úgy, mint az örök fogadalommal, az engedelmességre, tisztaságra (szüzességre) és szegénységre kötelezik magukat. A fogadalom letétele előtt joga van a szerzetesnek végrendelkezni esetleges ingó vagy ingatlan vagyonáról. A fogadalom letétele után mindennemű jövedelme, esetleges öröksége a rend tulajdonába megy át.

[19] VI. Kelemen 1352. március 7.-én Avennino-ban kelt Sanctae religionis honestes kezdetű bullája, (közli: Eggerer András: Fragmen, panis Corvi protoerenici. Wien, 1663. 131. p.); - V. Orbán pápa Internationalis Dominicae anno 1370. Ex supernae providentia kezdetű bullája; - XI. Gergely 1371-ben kelt Mare magnum… kezdetű bullája, mely igen sok és nagy lelkigondozói előjogot biztosított a rendnek. (Közli:

Eggerer i.m. elli.148. pag.); ugyancsak XI. Gergely veszi ki a rendet a püspökök fennhatósága alól 1377. szeptember 16.-án Anagni-ban kelt Sacrae Vestrae religionis... kezdetű bullájában, (közli: Eggerer i.m. 179. pag.)

A XV. században különösen XI. Bonifác, V. Márton, IV. Jenő és VIII. Ince rendelkezései erősitik meg és tágítják a pálosok jogait a pasztoráció terén. XI. Bonifác 1401-ben megengedte nekik, hogy látogathassák az olaszországi főiskolákat és egyben a karthauziak összes kiváltságaiban részesülhessenek. – IV. Jenő 1433-ban megengedte, hogy a rendfőnök szentelhesse fel a templomaikat. -

A rend kiváltságait 1750-ben összeállította a kapott kiváltságok kézikönyvét ezen a címen: „Promptuarium privilegiorum confessarios regulares attinentium, quoad facultates ad absolvendum, ac dispensandum etc. e Sacra Sede Apostolica eisdem concessos. Adiecta Teologico - Juridica exegesi, pro clariori notitia et tutiori eorundem Confessariorum praxi... Tyrnaviae 1750.

[20] A r. kat. papoknak kötelező a Breviarium romanum, azaz liturgicum használata, mely az év minden napjára előirt antiphonákat, zsoltárokat, oratiokat tartalmaz. Elmondásuk minden nap kötelező. Négy kötetből áll: egy a tavaszi, egy a nyári, egy az őszi és egy a téli időszak napjaira előirt részt foglalja magába. Az egyes napok is több részre osz-tottak, ezek

elmondásának ideje minden szerzetesrend számára a nap más-más órájában kötelező, úgy, hogy mikor száz és száz kolostorban befejezik pl. a „Prima" részt, száz és száz kolostorban abban a percben kezdik a „Tertiat", tehát az egész -világon szakadatlanul mondják (egyes szerzetekben és bizonyos ünnepeken éneklik) ezét az egyház örök imájának is mondják. A pálosok számára ez a sorrend volt előírva: Prima, Teria, Sexta, Nona, Vesperas, Matutinum, Completorium. Ezek recitálva való elmondása kb. napi hat órát vesz igénybe. A világi papok számára nincsen előírva, hogy hány órakor mondják el, de naponta való elmondásuk kötelező. Rendkívüli esetben rózsafüzérek elmondásával pótol-ható. (Rabságban, esetleg betegség idején.)

[21] Const. 1643, Pars. III. cap. 18. n. 1. et Pars. I. cap. 32. n. 13.

[22] Const. Pars. I. n. 5. cap. 16.

[23] A pálosok a XV. századtól kezdve az általánostól némileg eltérő misekönyvet használtak, melyet P. Tatai Antal kompilált Abban az időben ez más szerzetesrendeknél is szokás volt. A Tatai-féle „ősi" pálos misekönyv pergamenre írt példánya a czenstochowai könyvtárban van. Az 1495-ben hártyára nyomott példányát a Nemzeti Múzeum őrzi. Ez az ősi pálos misekönyv bővebb volt, több szent tiszteletére mondható misét tartalmazott, mint a római misekönyv. Mikor V.

Pius pápa (1566-1572) a „Quo primum" kezdetű, 1570-ben kiadott bullájában a római szertartás szerint egységessé tette a misekönyvek szövegét, a pálosok közel 30 évvel megelőzve a magyarországi egyházmegyéket elfogadták a római rítusra való áttérést, de kikötötték, hogy a magyar szentek ünnepeit meghagyhassák misekönyveikben. A Szentszék ezt örömmel engedélyezte, sőt VIII. Orbán pápa 1632. január 17.-én kelt breve-jével Szent István magyar király ünnepét az egész egyházra kiterjesztette.

[24] Latinból fordította: Csanád Béla.

[25] Remete Szent Pált a pálosok védőszentjüknek tekintették.

[26] Részlet Móra Gábor: Mi az igazság Virág Benedek „elfelejtett siremléke körül?" című értekezéséből. Megjelent a Magyar Nemzet 1980. május 1.-ei számában.

Névjegyzék

A,Á

B

C

Cs

D

E,É

F

G

Gy

H

I, Í

J

P

R

S

Sz

További fellelhető írások a világhálón

1.Egy tatai keramikus család sikerei és tragédiája. 1965. Tb. Kéz.

2.Tatabányai bányászok és az irodalom. 1966. Tb. Kéz.

3.Tatabányai bányászok és az irodalom. Cikkgyűjtemény. 1966. Tb. Kéz.

4. Adatok Komárom megye történetéhez. 1970. Tb. Kéz.

5. Munkásmozgalmi eseménynaptár. 1971. Bp. Kéz.

6. A tatabányai szénbányákban használatos idegen eredetű kifejezések gyűjteménye. 1973. Bp. Kéz.

7. Tatabányai ragadványnevek 1950-1970. 1973. Bp. Kéz.

8. A dorogi és tatabányai turistaélet kezdetei. 1975. Bp. Kéz.

9. Adalékok Komárom vármegye útjainak történetéhez. 1975. Bp. Kéz.

10. Adatok a magyar turista egyesület esztergomi osztályának történetéhez. 1975. Bp. Kéz.

11. Esztergom a 18-19. században. 1975. Bp. Kéz.

12. Esztergom múltjából - Cikkgyűjtemény. 1975. Bp. Kéz.

13. Az ezer éves Magyar-Lengyel barátság. 1976. Bp. Kéz.

14. Esztergomkörnyéki babonás történetek. 1976. Bp. Kéz.

15. Földművelésünk és a tatabányai termelőszövetkezetek története. 1976. Bp. Kéz.

16. A tatai Franyó Remigius felségsértési pere. 1977. Bp. Kéz.

17. Az első Komárom megyei aranykoszorús mesterek. 1977. Bp. Kéz.

18. Az állatok megjelölése Komárom-Esztergom megyében. 1977. Bp. Kéz.

19. Hogyan fogjunk a helytörténeti történetkutatáshoz? 1977. Bp. Kéz.

20. Komárom a rutén népköltészetben. 1977. Bp. Kéz.

21. Komárom és Esztergom megyék helynevei a 12. századtól napjainkig. .1977. Bp. Kéz.

22. Komárom városának tűzrendtartása a 18. században. Jelentősebb Komárom megyei tüzesetek a 19. században. .1977. Bp. Kéz.

23. Közhivatalok és tisztségek Komárom és Esztergom megyékben a 11-20. században. 1977. Bp. Kéz.

24. Szénporos arcélek. Tatabányai bányász-történetek. 1950-1970. 1977. Bp. Kéz.

25. A Néprajzi Múzeum gyűjteményeiben lévő Komárom és Esztergom megyei tárgyak katalógusa. 1978. Bp. Kéz.

26. Adalékok az Esterházyak és Tata történetéhez. 1978. Bp. Kéz.

27. Komárom első állandó hídja. 1978. Bp. Kéz.

28. A tatai bőrgyárban - 1964 augusztus. 1979. Bp. Kéz.

29. Deductio orginis et progressus Excelsae familiae comitum Zichy. 1979. Bp. Kéz.

30. Komárom megyei anekdoták. 1979. Bp. Kéz.

31. A Duna és Komárom megye. 1980. Bp. Kéz.

32. Vértesszőlősi lakodalom. 1980. Bp. Kéz.

33. A sárisápi bíró kulacsa - Egy értékes tatai fazekas-emlék. 1982. Bp. Kéz.

34. A sörfőzés múltja Esztergomban és Komáromban. 1982. Bp. Kéz.

35. Komárom és Esztergom megyei vonatkozású kéziratok a néprajzi múzeum etnológiai adattárában. 1982. Bp. Kéz.

36. Komárom megye falvaiban használt tárgyak a IX.-XX. századforduló idején. 1982. Bp. Kéz.

37. Apróságok Komárom megye történetéből. 1983. Bp. Kéz[1].

38. Komárom megye és a dohány. 1983. Bp. Kéz.

39. Summások Komárom megyében. 1983. Bp. Kéz.

40. Szabó István tatai hajókormányos levele egy komáromi hajógazdához 1830. 1983. Bp. Kéz.

41. Komárom megyei helységekről szóló kéziratok a néprajzi múzeum adattárában. 1984. Bp. Kéz.

42. "A Tárkányi ""Egyetértés"" Mezőgazdasági Termelőszövetkezet". 1985. Bp. Kéz.

43. Petőfiszállás és búcsús népszokásai. 1977. Bp. KM. Ad. 77.3.1.

44. Tiszteletreméltó Csepellény György magyar vértanú élete. 1942. Pécs. Lázár Endre nyomda

45. A híres Fekete Madonna-kegykép története. 1942. Bp. Stephaneum nyomda

46. Egy szerzetes növendék naplójából. 1943. Pécs. Paulovits Ferenc könyvnyomdájában Kispest

47. Kelen Imre kiállítása. 1976. Bp. Magyar Nemzet. 1976. szept. 23. p. 7.

48. A mezőkövesdiek Csepellényi-tisztelete. 1982. Bp. Vigília. 1982. (47. évf.) 3. sz. 183-185. old.

49. A dunai aranyászok. 1975. Tb. Dolgozok Lapja, 1975-07-06 (28. évf. 157. szám. 7. oldal)

50. Érdekességek megyénk múltjából. 1978. Tb. Dolgozók Lapja, 1978. augusztus 12-i szám)

51. Emlékezés Munkácsi Bernátra. 1980. Bp. Honismeret, 1980. (8.évf.) 3.sz.24-25

52. Adalékok Szöllős - Vértesszölös - történetéhez. 1982. Bp. Honismeret. 1982.(10.évf.) 4.sz.27-28.old.

53. Lánczos Zoltán hagyatéka a megyei könyvtárban és a világhálón. 2011. Tb. Kemlib. 2011. (1.évf.) 9.sz.4.old

54. Körmöcbánya-vidéki népmondák. 1977. Néprajzi Múzeum, Etnológiai Adattár 16019. Kéz.

---

[1] Bp. = Budapest, Tb. = Tatabánya, Kéz. = Kézirat